U0004399

Salut!

你好!

我家有個

Mariage à
la française

anecdotes de
ménages
franco-
taïwanais

法國人

Renren
X
史璦珮
Alizée
Stalens

著

台灣太太 × 法國人妻
暢聊跨文化婚姻大小事

CONTENTS

Renren 璦琍

PART 1
跨國婚姻甘苦談

和異國老公的相遇

從相愛走入婚姻

爲了彼此付出的努力

法式浪漫？能吃嗎

PART 2

台法家庭的
日常茶飯事

PART 3

語言文化
的碰撞

前言

跨國婚姻樂趣多

媽！我出書了！而且，是用中文寫的，裡面也有我自己畫的圖！媽！雖然妳看不懂，妳一定會很驕傲。十四歲的我，在前往南法的路上，跟爸爸在露營車上寫了青少年的小故事；如果當時的我知道了，應該也會覺得不可思議吧。

只要喜歡寫故事或畫圖的人，一定會希望有一天可以看到自己的作品變成實體商品，變成別人可以看到、可以收藏的物品。我也不例外，幾年前開始在網路上寫或畫在台灣的日常、育兒生活、文化差異、異國婚姻的大小事，從那時開始，我一直有個小小的心願，就是有一天可以出書。

讓我更開心的是，可以跟和我一樣也過著異國婚姻生活的台灣插畫家Renren合作！而且最神奇的是，Renren跟我一樣是台法婚姻！

　　剛開始跟出版社討論這本書的計畫時，我馬上就想到了追蹤一陣子的「達令的法語時間」版主，也就是 Renren。不過，我當時也不確定她會不會同意，畢竟她最愛分享的是關於法語的圖文，而不是一直說關於自己婚姻的故事。不是每個人都想跟網友分享這些事情，所以當我跟她聯絡的時候，其實是有一點怕她會拒絕的。

　　不過，今天這本書終於出版，你們就知道 Renren 不僅沒有拒絕我，還很大方地分享了跟法國老公的生活大小事！我真的很謝謝她願意一起分享我們兩個在台灣的異國婚姻。

　　身為法國女人，分享我跟台灣老公的一些事，對讀者來說應該很有趣。但我也想到，如果可以同時讀到台灣女性分享跟法國老公在台灣一起生活故事，說不定會更好玩？

　　我們覺得正是如此！當我們兩個深入討論每一個主題，都會發現一些很有趣的事，也希望可以將這些樂趣一起帶給讀者！

　　對，樂趣，因為這本書不是一本想要讓你能深入了解法國老公或台灣老公的書。每一段婚姻、每一個人都是獨特的！不過，從這本書中你可以多少了解異國婚姻的一些困擾與好玩的地方。有一些事情會讓你覺得，其實異國婚姻跟同背景的人結婚沒什麼差別，也有一些可能會讓你驚訝的部分，或者覺得跟你認知的差不多（畢竟刻板印象不是無中生有的）。也許，你會覺得你家的異國婚姻並不是這樣，跟書中講的差很多，那也不是沒有可能喔！

在這裡，我也要謝謝我老公，願意讓我分享一些關於他的有趣事件。畢竟他是台灣人，也有點愛面子，所以不容易說服他（好啦，在前言裡面，我當然要稍微帶一點刻板印象與幽默吧，哈哈）！總之，我跟 Renren 是想藉由這本書帶給大家一點樂趣，讓我們可以一起度過美好時光，如果同時能帶給你一些對跨國婚姻的新了解，那就太好了！

瑷琍 Alizée

2023 年 4 月

前言

獻給法國婆婆的回憶之書

　　兩年前，我的法國臉友璦琍問我要不要跟她合作一本關於台法文化差異的圖文書，那時有點受寵若驚，畢竟我們從來沒見過面，頂多只在對方的臉書按讚留言而已。跟之前出過一本圖文書的經驗相比，兩人完成同一本書更加複雜與困難，在書寫過程中經歷好幾次討論跟大改稿，導致出版日期延遲了一年多！雖然文章裡有些情節已經不太符合時事（像是新冠肺炎），不過把疫情那時的心情與日常記錄下來也算是一種獻給讀者們的共同回憶吧！

　　剛接到這個出書計畫時，莫先生比我本人還開心（可見我多久沒接到大工作），馬上通知他遠在法國的家人這個好消息，那時我的婆婆（莫媽）還跟我預約了好幾本要分送給她的好友們。說起來，莫媽一直以來都很支

持我的插畫之路；跟一般長輩不同，莫媽從不抱怨我選擇這個收入不穩定的事業卻讓她的寶貝兒子負起絕大部分的家計，她反倒成為我最大的粉絲，自掏腰包買我的作品。可惜的是，人生中的計畫趕不上變化，二〇二二年底莫先生去住院動手術的同一天，莫媽在完成一趟郵輪之旅後，在返回法國的異國機場不幸猝逝。莫媽還沒讀到這本圖文書就過世的這件事是我人生中的遺憾之一；如同這本書中描繪到的，莫媽生前對台灣的民俗文化很有興趣，也抱持著正面的態度，我想等這本書付梓後一定得燒一本給她，讓她在另個世界好好閱讀。

　　莫媽過世之後，即便莫先生的傷口還在復原期，我們還是盡可能快速地飛到法國，書中寫下由於疫情導致無法出國而對法國親友或旅行的懷念，在這次傷心之旅一一實現，不過心中沒有以往的雀躍之情。我們在婆家待了一個月陪公公（莫爸），其實事先預留了兩個月時間陪伴他。但莫爸出乎我們意料地堅強，還要求我們早點離開讓他有空間獨處。對我而言，這次跟老人家相處是很好的一課，也讓我了解到老年人沒我們年輕一代想像中的脆弱與依賴。而且在婆家暫住的這一個月（雖然沒婆婆了）也讓我體會到那些必須與婆家成員同住的媳婦們的難處與不開心。

　　寫這篇前言時，我身在巴黎 ── 人們口中的花都，或是光明之都。以往我對這種稱號只

覺得太戲劇化也太刻意，但在這個巴黎十九區的套房度過兩個月的日常生活後，身處喪母之痛的莫先生跟身心混亂的我變得愈來愈好，我才發現巴黎有種不可言喻的魔力。對我最大的變化是，莫媽剛過世時，我認為先前在本書亂開她玩笑的圖文很大不敬，甚至還有全部重寫重畫的念頭，但現在被光亮與花香療癒的我已經覺得這不是個大問題了。畢竟曾經寫過畫過的那些也是我對莫媽的回憶，同時我也盼望你能輕鬆享受這本圖文書。

Renren

2023 年 4 月

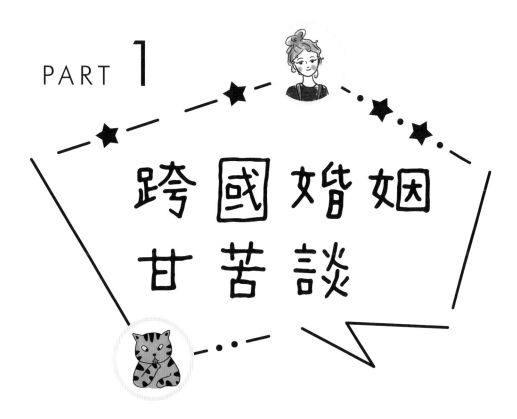

PART 1

跨國婚姻 甘苦談

法國老公特別浪漫？異國婚姻充滿新鮮事？
聽兩位台法婚姻人妻璦琍和 Renren 聊聊
如何遠渡重洋遇到真愛，碰撞出不一樣的火花，
又是如何決定要與成長背景、
生活習慣大不同的異國老公共度一生！

和異國老公的相遇

被「生不如死」
給騙了！

Bonjour，你好！我是 Alizée，中文名字叫「璦琍」。

很多法國朋友也用這個中文名字來稱呼我，因為取了中文名字之後，我馬上在當時還很紅的 msn 上迫不及待地掛上了這個名字。新的環境、新的名字，無敵新鮮，我想要讓全世界知道！

你問我，為什麼我來台灣呢？因為……因為很多巧合吧！

當年十九歲念英文系的我，有天在圖書館隨便翻書，看到中文教學書便帶了回家，也因為這樣，我決定開始學中文。大二的時候，我認識了從台灣來的交換學生，被他們洗腦說台灣有多好、多好，推薦我明年交換時可以去那邊看看！

當時我有機會在大三那年去西安，或是台灣的國立中央大學當一年

交換學生。但到了要做決定時，我其實根本不知道台灣在哪裡。我跟我爸打開一張世界地圖，想看看台灣的位置。哇！好小、好可愛！去那邊好像比較好，一年應該可以把整個台灣逛完（到底是去讀書？還是去當觀光客？），還傻傻的跟家人說：「你們放心，一年很快，我很快就回家！」結果直到現在十七年過去了，還沒逛完整個台灣，不過我每年也都會回法國過一個月，直到二〇一九年才中斷。

最後還有一個很重要的原因，離開法國的時候，傻傻的我覺得自己只愛藍眼珠的男生，黑眼珠的男生不是我的菜。我以後生的小孩一定跟我們全家一樣，眼睛是藍的或綠的、頭髮是金色的，所以我不可能在台灣待很久，因為遇不到愛！

對不起，我不是歧視，只是當時我真的很傻！很傻！很傻！是一個在鄉下長大，又天真又笨的少女。還好，當時不知道哪裡來的勇氣，讓我來到在世界另一邊的台灣，打開了我的眼界！我不但愛上了台灣這塊土地，在台灣待了三、四年後，就被一個朋友的朋友，有著黑色眼珠、嘴巴當時很甜的一個台灣男人給騙走了。

這也只能怪我自己，誰叫我認識他幾週後，就找他協助寫中文功課的我。我在聊天軟體丟給他一句：「你能想像沒有我的日子嗎？」

我只不過想測試他，看他會給出怎樣的回答而已，沒想到他竟然這樣回答：

「生不如死！」

可以說，他就是這樣通過我的測試了吧！其實，我當時看不懂這句話的意思，對我來說太深奧了，還自己去估狗。反正，我這麼簡單就上當了。

身為一個在台灣的外國女生，其實我一開始就有自覺，跟一個台灣男生在一起好像很「特別」——「特別奇怪」。十幾年前，這樣的組合在路上真的比較少見。我注意到不少從外國來的男生會跟台灣女生在一起，感覺這是一件常見的事，沒什麼好說的。其實從國外來的人比較多是男生，也是有原因的。有一些研究說，男人比較敢自己去很遠的地方，不會覺得不安全，也比較不會擔心未來、結婚生小孩等。上述這些問題，通常因為社會因素和生理因素，對女人來說更加困擾。不過現在事情正在改變，台灣街頭的西方女人多了很多，台灣男人的機會也愈來愈多。

所以，當時雖然西方男人跟台灣女生在一起滿常見的，但很快也會聽到一些不好聽的閒話。就像 Renren 說的「外國人都是來台灣約砲」，或者說「來台灣的外國男人都是魯蛇，在自己國家沒有前途，所以來台灣找簡單能賺很多錢的工作，也來找很 easy 的台灣女生」這類貶低的話。嘴巴怎麼那麼毒？實在是很難不聽到「嫉妒」的聲音呢。

相反地，沒有人會說我老公很「easy」，我也沒有聽到過西方女生都是魯蛇之類的酸言酸語。有一次發生了讓我印象深刻的事，我跟我老公在泡溫泉時，突然有一位中年台灣男士對我老公說：「能把到西方女生，好厲害啊！」他以為我聽不懂，但我其實覺得很沒有禮貌。其實這種話我聽過很多次，感覺西方女人比台灣女人好，是把自己人當作什麼？好玩的是，

大家也都會以為我們是在國外認識，然後我「嫁來台灣」。就好像不可能是為了自己喜歡台灣而來的！台灣人真的太小看台灣的美麗呢！

其實我跟你說，我老公根本不是屬害把到一個外國女生啦。他很倒霉好嗎？因為我根本是來自國外的魯蛇啊！買房子的是他，不可能是我（好啦，這不是魯蛇的定義吧）！

反正，不管怎麼樣或別人怎麼說，我們一起走了一段路、度過很多的點點滴滴，決定來一場台法婚姻，生了兩個台法孩子。現在，每天都有很多語言或文化方面的衝突，也發生了許多讓全家大小一同大笑、互相生氣的小故事，可以分享給大家！

和異國老公的相遇

飄洋過海來娶妳

　　在使用 Renren（唸成 rain-rain，因為我的中文名中有「雨」，台式發音為「瑞瑞」）當筆名成為一個接案插畫者之前，我曾在一家駐台的德國電腦公司當了十年以上的 OL。不曉得大部分朝九晚六的辦公室上班族是不是都跟我一樣，每天過著混吃等死、只要把老闆交代的任務完成就高枕無憂的日子？那時雖然覺得前途茫茫，卻沒動力改變自己的職業生涯，但我做夢也沒想到自己的人生竟然會因為網路交友而大大改變！

　　有一天，單身的我趁老闆不在，便一如往常地瀏覽國際交友網站（那個時代還沒有手機交友 App），我的聊天窗口跳出了一則交友邀請。對方是一個看起來很有個性、戴著草帽的大鬍子男，而且他還有個很武俠小說的中文名字「莫測」。沒錯，就是那個成語「高深莫測」的「莫測」！

　　那是我當 OL 的第十年，從那時起，我跟這位住在法國、不會說中文的莫先生展開一段好幾個月，每天沒日沒夜的遠距網路交談。在這個科技發達的時代，許多單身的人都會利用網路或交友 App 找對象，但同時也出現了許多詐騙案件。不過身為網路交友的大學姊的我要說，那個時代並沒有什麼網路騙財（應該只有騙炮）啦。

　　雖然只有短短幾個月，我們在網路的世界彼此心靈相通。莫先生為了要確定自己對我的感情到底是虛幻還是真實，千里迢迢來到陌生的亞洲，

跟我這個未曾謀面的台灣女生見面。由於我常接待來台灣開會與參展的德國同事，所以就將莫先生來台的行程如法炮製，例如：吃鼎泰豐、去一〇一看夜景、逛夜市、玩夜店、遊老街、泡咖啡館……，只是多了一些互相談心的行程。說實話，這就是我們在結婚前罕見又密集的約會時光！結束與台灣網友的相見之旅後，勇敢的莫先生下定決心賣掉在巴黎的公寓、車子，計畫兩個月後帶著簡單的行李回台灣一起跟我共同生活，學新語言並展開新人生。

身為一個在傳統家庭長大的孩子，我從讀書到出社會從沒離開過父母家去別處生活，也從來不曾與他們分享自己的感情狀態。從小到大我沒怎麼叛逆過，對於上什麼高中、大學也都聽老爸老媽的意見，還因此放棄了有機會就讀的美術相關職業學校。所以對於要搬出老家跟一個高鼻子的法國人同居這件事，我思考了好久要如何啟齒，還事先想好要如何攻防，來對付老爸老媽可能會提出的反對意見。可見愛情真偉大，只要能跟喜愛的人長相廝守，再怎麼懦弱的人都能勇往直前呀！

總之，當我鼓起勇氣跟家人提出要搬出去住，而且是跟一個才認識幾個月的外國男性同居時，老爸老媽的反應居然比我想像中平靜，甚至完全沒有反對（現在想想，他們是不是被嚇到不知如何反應呀）！或許老爸老媽還鬆了一口氣，覺得我這個超過適婚年齡的女兒還有人要吧。幸運的我和莫先生就在沒有家人翻桌反對的情況下展開了同居生活。

剛同居時，每當和莫先生一起走在台灣的大街小巷，我總是會避免跟

1. Que dois-je dire à mes parents ? Je veux vivre avec M. Mo.
2. Ok, ça ne nous pose aucun problème!
3. Ouin Ouin Ouin, mes parents ne s'en soucient pas, ils ne m'aiment plus....
4. Mais heuuuu…..Il faudrait savoir ce que tu veux à la fin!

他手牽手，或表現出親密的行為，因為那時覺得跟外國人約會好像是件丟臉的事。這一切都是當初（現在好像也是）網路上瀰漫著一股反CCR（Cross Culture Romance 異國文化戀情）的風氣有關。網友們表示，跟老外在一起的台女不可取，因為在台灣的外國（尤其是西方白人）男性都只想跟台灣女生上床，甚至還衍生出「台女很 Easy」這句話，來形容我們這類異國戀的女性；相反地，要是西方女性跟台男交往，網友們就會歡欣鼓舞覺得很了不起！年紀比較輕時，我對這種厭女文化既討厭又害怕，只好安慰自己，這只是他們的嫉妒心使然。現在回想起來我只能說，真不知道那些藏在電腦或手機後的網友們在想什麼。在我的職涯與人生經驗中認識不少住在台灣的西方人，當然有的像行走的費洛蒙，而有些則是老實的正常人。說實

話，渣不渣跟你是哪國人一點關係都沒有！

另外，許多人對來台定居的外國人的既定印象就是：他們都是魯蛇！這一點我非常不能苟同！不是我要幫自己人說話，其實莫先生本人很優秀，他以前是廣告公司老闆，還是頂尖的電腦專業人才，更為了烏托邦的理想，在法國創立了一個非營利機構。這樣的人跟魯蛇一點邊都沾不上吧？再說，應該沒有人會覺得璦琍是法國魯蛇，所以才來台灣生活。另外，也有很多人覺得西方人來台灣，無論學歷如何都可以靠他們的高鼻子外表教英文，簡直就是個不費吹灰之力的職業。對於這點我也有話要說：由於以前學英文跟在酒吧打工的緣故，我跟那些從事英文老師的外國友人都還保持聯絡，這麼多年過去，他們幾乎全都在台灣有自己的家庭，還都買房子了！雖然用財力來衡量一個人是不是魯蛇很政治不正確，但我就問：在房價貴森森的台灣買房子的人算是魯蛇嗎？說穿了，台灣現也很流行去國外打工度假，對我來說這跟外國年輕人來台灣教語文的概念是一樣的，但是沒人覺得去國外的台灣打工仔是魯蛇吧？

居留台灣的外國人是約炮神器加魯蛇的這個錯誤觀念，到底是不是我們台灣人太沒自信、太自卑的結果呢？幸好那時我沒被這些奇奇怪怪的思想影響，跟莫先生同居一年之後，就達成共識結婚了。

另外，根據我成功的網路交友經驗想跟大家說，為了防止被騙，跟網友對話一定要深入，別被字面上的甜言蜜語灌迷湯。如此一來，才能了解對方的為人跟心態。如果認識不久對方就直接要求交往，那就要特別留心，

網路交友更需要時間去驗證一段感情。

　　有機會一定要視訊通話，看看對方是不是用假照片或假國籍。另外，要是對方不透露自己的事，卻一直詢問你的事情，也是一個警訊。最後，千萬不要做金錢交易，未謀面的網友跟你借錢或跟你要禮物，那一定是詐騙啦！其實這些道理都很簡單，保持理智的頭腦，不要因為久旱逢甘霖而被愛情沖昏頭！

從相愛走入婚姻

搭上「愛之船」來到台灣

　　莫先生第二次來台灣是沒有回頭路的，因為他把所有在法國的家當全都賣掉了！還好最後結果證明他沒上賊船，而是上了一艘愛之船。趁著他回法國整理行李跟處理私事的那段時間，我經歷了第一次找房子、租房子的經驗，後來很幸運地找到了一個離爸媽家不太遠、房東不太機車、也靠近莫先生將來要上華語課學校的小公寓。當莫先生「回」到台灣，安頓好一切後，身為一位傳統又負責任的台灣女性，我當然是要帶莫先生給老爸老媽認識！面對英文不太好的爸媽，不諳中文的莫先生居然應付自如，反倒是我老爸老媽比較緊張。只能說莫先生果真人如其名：高深莫測呀！

　　我們住在一起沒幾個月，就迎來了歐美人士都愛出國旅遊的暑假，莫先生邀請我一起回法國南部老家見見他的父母跟好朋友。這顛覆了我對西

1. Hihihihi... Depuis quand ils ont des noms anglais?!

方人愛情觀的刻板印象。跟莫先生交往前,我以為西方人在各方面都比較
自我、重隱私,後來才知道原來法國人也是會帶男女朋友回家見父母的啊!

　　那時候我家人跟莫先生完全不熟,也不確定他是不是個值得信賴的人,
所以當老媽知道莫先生要帶我回法國待一個月時,她緊張了好久,甚至還
要我打消念頭,以免被莫先生賣到阿拉伯去(我媽的想像力好豐富呀)!
幸好那年暑假我沒被莫先生賣到阿拉伯,反而還帶回一堆莫爸莫媽要送給
我家人的伴手禮。而也因莫先生帶我回老家見父母,老爸老媽對他也慢慢
建立起了信任感。

　　跟對方的父母見面,就代表著一段感情漸趨穩定,雙方朝著共同的方
向前進。我們從法國回台灣不久後,有一天在煮晚餐時,莫先生突然單膝
下跪向我求婚,雖然一點都不浪漫也不隆重,但我已經覺得很有誠意了!

常常有人問我，為何選擇跟法國人的莫先生，而不是跟同文同種的台灣人結婚？這個問題的答案對我而言有點難以啟齒，我的官方理由都是：「就緣分到了呀！」但其實受到迪士尼動畫、好萊塢愛情電影和歐美劇的影響，我從小的夢想就是跟住在城堡裡的金髮白馬王子結婚，從此過著幸福快樂的生活（相信很多人跟我一樣吧）。然而選擇跟異國人士結婚最主要的理由是：我生長在一個蠻傳統的家庭，目睹也經歷了不少所謂的禮數、禁忌跟長輩的婆媳問題。那時的我就無法理解，為何要遵從這些看似無用的繁文縟節，因為這些禮數也沒有讓我們變得更幸福快樂。比較懂事之後，我默默告訴自己要脫離那種台灣家庭文化的束縛，如果有機會結婚的話，將來也不想跟傳統的男生結為連理。所幸出社會後，我在外商公司工作了很長一段時間，接觸了不少西方文化，所以蠻習慣跟外國人相處，也比較確定自己比較適合跟老外交往。當然，並不是所有的台灣人都那麼傳統，我只是比較不幸運，沒機會認識我理想中的台灣男子罷了！以前常有人把跟西方人士結婚的台灣人冠上「崇洋」的罵名，幸好隨著台灣的實力與國際地位越來越提升，這種現象愈來愈少了。但我要說，為什麼中文會發明「崇洋」這兩個字呢？接觸了這麼多年的西方文化，還跟洋人結婚，我並不覺得我有崇洋的傾象，反而覺得自己更了解對方的歷史文化，增加了不少知識呢！

我跟莫先生在結婚儀式這方面完全沒有任何規畫跟奢求。從小到大，我從沒幻想過穿著白紗禮服參與自己的結婚典禮，也不想要化個不像自己

的濃妝拍結婚沙龍照。莫先生跟我一樣是個怪人，他不怎麼注重約定俗成的規範。比較讓我們憂心的不是這些表面儀式，而是如何讓我們的台法婚姻合法化！

我們已經結婚十三年了，那時候的官方規定跟現在有所不同，所以我不在此贅述台法異國婚登記的種種步驟。總而言之我的結論是，異國婚姻

法國各區特色

Les spécialités régionales françaises

的申請很不容易，當時莫先生還要麻煩遠在法國的莫爸莫媽，代他去家鄉的市政廳申請出生證明等文件寄來台灣。在台灣的戶政事務所辦理結婚登記後，還得備妥所有翻譯文件去法國在台協會提出申請，這樣在法國境內我們的夫妻身分才能生效。

　　和外國人結婚，當然就沒有台灣人傳統的提親儀式。我們雲淡風輕地跟老爸老媽報告要結婚的事，並詢問他們可不可以不要辦婚禮跟喜宴？老爸表示當然不可以，寶貝女兒要結婚，至少需要辦喜宴公告親朋好友，而且過去發出去的紅包要回收呀！萬幸的是，老爸老媽尊重我們不辦婚禮的要求，不然那些複雜的婚禮準備跟繁文縟節應該會成為我一輩子的惡夢。我們也通知了在法國的莫爸莫媽這個好消息，順便拜託他們在當地申請莫先生結婚所需要的相關文件；他們非常開心，莫媽還表示她早就預言她的寶貝兒子有一天會跟亞洲人結婚。由於我們家的親戚朋友分布在台北跟台南兩地，所以就規畫了南北兩場喜宴。說實話，我對這兩場宴客的記憶有點模糊了，只記得沒什麼華麗衣服的我在婚宴前去買了兩套比較正式的洋裝，然而這兩套洋裝跟一般女孩子的結婚禮服一樣，只穿過一次就束之高閣了。

　　莫爸莫媽參加了我們第二次的台南歸寧宴，雖然他們熱愛旅行，但從沒來過亞洲。這場台灣之旅便成了熱帶島嶼觀光，加上與親家見面的行程。

　　我們在台南的喜宴氣氛很好，我不只見到了好久不見的家族長輩跟小輩們，老爸老媽也很開心地宣告他們的大女兒終結單身，有了一個不錯的

歸宿，而且親家公親家母還很給面子，千里迢迢從法國飛來台灣跟大家一起吃飯喝酒。這場沒有西裝跟新娘禮服的婚宴，就在莫媽在台南老街的文青小店、古蹟與廟宇的紀念品店大肆血拚之後完美結束。我跟莫先生送莫爸莫媽去桃園機場出境大廳後，又回到了快樂與平靜的生活。

從相愛走入婚姻

從傍晚吃到半夜的法國喜宴

　　其實，我本來沒有打算結婚，沒想過有一天我會穿上白紗，更沒想到會辦兩場婚禮！一場已經很累了，竟然還要辦到兩場！不過既然要結婚了，那就做到底。因為我跟 Renren 不一樣，我應該有公主病，一知道要結婚就很想做到底，很想拍婚紗照、辦喜酒……總之就是很想當公主！

　　本來覺得兩個人彼此相愛就夠了，就算生小孩也可以不用結婚，我有很多法國朋友就是這樣。不過法國有一個法律上的選擇，叫做 PACS（法國民事伴侶契約制度，Pacte Civil de Solidarité），就是一種可以公證、保障兩人共同生活的合約。因為婚姻有太多的含義，現在很多人不接受了，寧可單純在一起就好，我本來也有同樣的想法。

　　但是，因為我選擇跟不同國籍的人在一起，也在國外生活，所以覺得

還是選擇結婚，這樣一來，有些事情會變得比較單純。加上台灣也沒有 PACS 制度，那就結婚吧！

　我跟當時還沒成為老公的男朋友在一起第五年左右，我就開始催他，問他到底什麼時候要求婚呢？在好幾個月的鼓勵之下，他終於在澎湖的沙灘上向我求婚。我事先跟他講過，求婚時不要有別人在場，只有我們兩個就好。而他也這麼做了，我當然回覆他說：「我願意。」這是我們這輩子唯一算得上浪漫的時刻吧，再說，澎湖真是美翻了！

　確定要結婚後，我先回法國住幾個月、充一下電，並且好好讓我父母知道他們的女兒要結婚了，而且將在遠方的台

我父母的反應
La réaction de mes parents…

妳真的打算住到
那麼遠的地方嗎？
Tu vas vraiment
t'installer si loin?

他沒有先問
我同不同意啊！
Il ne m'a pas
demandé mon avis!

不知道什麼時候，我爸媽也變得那麼傳統
Je ne sais pas à quel moment ils sont devenus si
traditionnels

灣定居。沒錯，我們根本沒有事先問過我爸媽的意見。哈哈，實在有夠不
尊重長輩的。

　　我記得回法國幾天後，我就對我媽說有個好消息要告訴她。她聽了很
驚訝，也有一點點難過，畢竟這表示我不打算回法國了，但她也只能忍耐，
並給我祝福。然後我跟她說，到時候在法國辦一場家族聚會慶祝一下就好，
不要辦太大的一場喜宴。

　　「可是請親戚來的話，一定要好好招待，不能隨便！」我媽說。

　　於是，我們訂了一年後，在我家裡附近的小城堡辦一場法國喜宴。沒
錯，在法國好地方需要很早預定，我們也才有時間好好準備──是我媽可

以好好幫我準備啦！哈哈，辛苦她了。後來我就先回來台灣跟老公進行公證、繼續工作，同時也準備台灣的喜酒，還有拍婚紗照。

對我來說，拍婚紗照是在台灣結婚最有趣的事情之一。在法國，我們沒有這個習俗，只會在結婚當天拍一拍美美的照片而已，不像在台灣，可以穿上不同的禮服、跑去不同的地點拍照。雖然很累（尤其是如果太陽很大的話），可是真的很酷和值得。

九月，我們先在台灣辦喜酒。為了三個小時的喜宴，我真的準備了很多，給了自己很多的壓力。我準備了點心跟手作伴手禮，也準備了芭蕾和彈吉他唱歌的表演……雖然我不是很滿意自己的表演，可是客人應該不會忘記吧（因為太好笑了）。

我的公主夢也又實現了一次！雖然我只換了兩套禮服，但已經很夠了。第三套，就帶去法國穿囉（真的，婚紗店讓我帶一套去法國結婚呢）！

十月我跟老公到法國時，離婚宴只剩一週，還好我媽幫我準備得差不多了。當天下午四點，有一百多人來到小城堡的戶外會場，參加我們準備的小儀式（沒去教堂是因為我不信教、我老公也不信，哈）。六點先喝開胃酒，然後八點吃晚餐，直到半夜三點喜酒才結束。到了隔天中午，還有一半以上的人約好要在我媽住的小莊園一起吃午餐。

以上是標準的法國婚禮過程。十二個小時以上的喜酒讓所有賓客都很難忘記這場婚宴，我自己也覺得所有的辛苦準備都值得了。

辦完台灣跟法國兩場婚禮之後，我們終於去度蜜月——很難忘的希臘

公主的夢，
在小城堡裡辦婚宴到隔天早上

之旅！回到台灣就準備迎接女兒的到來。只能說，結婚那年對我們來說是很忙的一年，雖然美好，我卻一點都不想要重來。

搞得這麼複雜，選擇跟不同文化的人在一起是不是有夠自找麻煩，怎麼會做這樣的決定呢？是不是好好找一個跟你比較接近的對象比較簡單？一定會容易太多了吧。不用碰到一些根本聽不懂對方在說什麼的狀況；不用吵一些很奇怪的小事情，比如「要出去住還是要跟長輩一起住」（什麼啦？這件事需要討論嗎？）；不用想太多怎麼搞定兩個完全不懂對方的長輩，見面的時候會聊到什麼、尷尬的時候怎麼辦；不需要多討論小孩的教育的方向到底一不一樣……。

等等，其實跟同文化背景、同語言、同樣國籍的人結婚，也有可能碰到這些問題啊！只要兩個人在一起，一定會有衝突，也會有不懂彼此的時候。

反過來說，當兩個不同文化背景的人相遇時，擦出的火花也許會超越所有你預想的問題與煩惱。文化背景不同，其實會讓彼此打開眼界，更能寬容、更有體諒的能力。

我想，不是每個人都能這樣克服跨文化婚姻的一切，所以當然要好好思考。不過，當你已經到了國外，已經開始了解當地的生活、當地的人，開始喜歡當地的食物，會不會自然愛上當地的一個特別的人？雖然不是理所當然，但很有可能對吧。

我本來對這裡的文化一點都不了解，待了幾個月後，開始找到了很多

喜歡的部分，幾年後甚至無法離開這裡。每次有人問我「來台灣多久了」，雖然答案已經是十幾年之久，對方還是會問我：「那你喜歡台灣嗎？」我不知道怎麼回答，只好笑笑地說：「您在開玩笑嗎？」哈哈，我不喜歡的話，不是應該早就離開了嗎？

會選擇跟不同文化的人在一起，或許是因為你是個愛看世界的人，充滿好奇，甚至熱愛挑戰。而這樣的冒險，是人生中最有挑戰性，也最有趣的一項！相信這樣的人生絕對不會無聊（不曉得有沒有說過，我的星座是牡羊座，也許會讓你更了解我，哈哈）。

至於 Renren 解釋她選擇異國婚姻的原因之一，是長大的地方比較傳統，然後她喜歡洋片這類的。我小時候完全沒有接觸過東方文化，其實跟 Renren 一樣，比較常看、常聽英文的內容，所以一樣對國外有興趣。但不知道為什麼，大學的時候就讀英文系的我會突然想學中文，然後選擇跑來台灣，一定是有什麼緣分吧。

法 語 時 間
Instant français

- **Faire une demande en mariage**
  求婚

- **Epouser quelqu'un**
  跟一個人結婚

- **Passer sa vie ensemble**
  在一起一輩子

- **Je le veux!**
  我願意！

- **Organiser un mariage**
  辦婚禮

- **La destinée**
  緣分

  ⓔⓧ JC'est le destin.
  這就是緣分。

- **C'est le jour J / C'est le grand jour!**
  到了這個重要的日子

為了彼此付出的努力

結婚一次，擁有兩種老公

回想這十幾年來，我跟莫先生好像沒特意做什麼努力來維持這段對大家來說有點少見的台法婚姻。除了我持續地學法文、他有點努力賺錢，好像就這樣吧。我也問莫先生是否認為我們彼此為婚姻生活付出了什麼努力是我沒察覺的，不過我們都認同，或許自身的改變就是為這段婚姻關係付出努力的成果吧！

還是上班族時，我是個下班後一定要衝去師大路的小酒吧，跟朋友們聽音樂、聊人生大道理、畫點塗鴉、喝點酒精飲料，才甘願搭上末班捷運回家的人。但跟大部分已婚婦女一樣，雖然沒有小孩要照顧，結婚後我就很少出門去享受夜生活了。一方面是莫先生不太融入我跟小酒吧朋友們的場合，另一方面也是我個人的心態改變了，不再覺得以往那種生活形態那

新婚時努力煮飯，數年後業力引爆

Je faisais des efforts pour cuisiner au début de notre mariage~
Résultat: En quelques années, nous nous sommes arrondis.

莫先生表示：我願意跟妳一起變胖！
M. Mo: Je ne vois pas de problème
à ce qu'on grossisse ensemble!

麼吸引我了。

　　朋友們都覺得我結婚之後改變了很多（不只有身材方面），我好像不再是那個愛穿高跟鞋、愛美、愛哭、又愛耍浪漫的 Renren 了。以前常為了開會或接待國外同事，而養成了化妝的習慣跟興趣，再加上住家裡可以和喜歡美妝的妹妹互相討論，所以我蒐集了一堆化妝品、指甲油跟香水。搬出老爸老媽家時，我還打包了一大盒這些小玩意，帶進我和莫先生的同居小窩。雖然莫先生來自一個化妝品與香水的大國，但他對這些產品既無感

也沒概念，連西方男性常擦的古龍水他都沒有在用，只因為莫先生是個百分百的自然主義崇尚者。一開始他對老愛化妝的我選擇無視，但在我辭去工作跟他結婚後，莫先生竟然開始用嘲笑的方式來抗議我的妝容、香水甚至美甲！例如他會趁我化妝時跑來鬧場說：「妳又在畫什麼奇怪的圖啦？」塗上指甲油後，他會說：「妳的手指頭怎麼流血了？」噴了法國女朋友送的名牌香水，莫先生又說：「這是老奶奶的味道！」

　　這些好氣又好笑的莫先生名言常常在我家上演，不過也因為這樣我才體會到什麼是左耳進右耳出的人生哲學。在婚姻中，我認為一定要保有自己喜歡的儀式或習慣（不是酗酒賭博那種壞習慣喔！），不需要太自我犧牲。即使對方不認同，擁有自我才能永保快樂。

1. Hmmmm… C'est trop bizarre ton dessin.
2. Quoi!!! Dis-moi ce que je dois changer. Sinon, mon client va refuser.
3. Mais non, je veux dire que tu as l'air bizarre avec du rouge à lèvres! Hehehe…

記得莫媽曾對我說過，她預言她的寶貝兒子應該要跟東方人結婚，我問莫媽為何這麼想，莫媽回答我說，因為莫先生的脾氣很硬，又固執得跟頭驢子一樣（這是一句法國諺語：têtu comme un âne），而且莫媽對東方女性的刻板印象就是既溫柔又體貼，所以她才覺得莫先生要跟這樣的女孩結婚才會幸福（重點是，莫媽再三強調她完全沒有種族歧視的想法）。

然而從同居到結婚至今，我跟莫先生也經過不少爭吵與磨合。一剛開始若有不開心的事，我常好幾天不跟他講話，這是因為我個人不擅長吵架，但莫先生很會辯論，而且還會理性地講道理給我聽，不帶半點同理心。記得婚後第三還是第四年時，我跟莫先生常常發生衝突，有一次他忍不住說了句：「妳真的有公主病！」然後那次我差不多一個禮拜沒跟莫先生講話！不過最近這幾年，由於他的脾氣不再那麼硬（是不是因為變老了呀？），我們之間的冷戰通常只持續一天左右就結束了。這幾年，莫先生也會順著我的毛摸（我又不是獅子！），更會適時地道歉，雖然有時候並不是他的錯。

走筆至此，我才發現我們這段婚姻中努力比較多的人好像是莫先生呢！雖然我從老爸老媽家獨立出來後，也學會了如何應付生活中種種瑣事，但在這些柴米油鹽醬醋茶之下，我其實還跟未婚時期一樣個性很差，又有公主病，完全不是莫媽心目中溫婉的東方女子呀！

前陣子，我帶莫先生去一個在師大路小酒吧認識的好朋友家聚會，朋友們看到了快十年不見的莫先生，都說他變了好多！我好奇地問是因為莫

先生變胖了、鬍子變白了才這樣說嗎？但他們異口同聲地說並不是這樣，
而是因為莫先生面相變得柔和，而且待人親切多了，這才讓他們和莫先生
的互動比較多。朋友們最後的結論是：「Renren 妳超幸福的，結婚一次擁
有兩種老公！」可惜的是，莫先生對這樣的聚會到後來還是感到無聊想睡
覺（誰叫他中文不夠好），不到末班車時間他就頻頻打呵欠，暗示我要回
家了。雖然次數寥寥可數，但我還是很感謝這麼不習慣台灣社交生活的莫
先生努力融入我的朋友圈，真是辛苦他了。

用這張圖紀念陪
伴我青春歲月的
師大路小酒吧

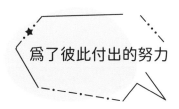

爲了彼此付出的努力

不能忍受，就戴上耳塞吧！

　　每一段婚姻能夠長久持續，應該多少都有雙方的努力在內吧。或許也有兩個人都很完美、不用做任何改變，就能在一起一輩子的婚姻存在，不過我認為這是少數。就算一開始會覺得對方是你的 âme soeur（靈魂伴侶），但我認為還是會有一些覺得對方如果可以稍微改變會更好的小地方吧？也許後來對方沒有改變也沒關係，反正你會習慣，那就是你改變了自己的心態。總之，我不是心理師，這些都是我的感受而已。

　　我先說說兩個不同文化背景的人是怎麼相處的好了。

　　台灣這麼小，就算來自台北的人跟來自雲林的人，也是屬於不同文化的人。有些你從小開始就習慣做的一些事，可能會讓從台灣另一個地方來的人無法接受，因為你們兩人長大的過程中沒有遇到彼此，也沒有習慣彼

此，兩人雖然講同一種話，但是在一些方面可能會完全不一樣。

當這發生在完全不同文化、不同語言，有時候要用第三種語言溝通的兩人身上時，講話溝通中另一半誤會你意思的可能性會更多。我可以跟你說，我跟我老公每週都會發生一次誤會，小誤會跟大誤會都有可能發生。我老公的耐心不是很好，這點我在認識他時就已經知道了。所以不管在婚前還是婚後，我們都學會了一個講話不要太衝動，另一個要耐心去聽、去了解。這兩點，就是我們的努力。

已經過了 17 年，我還是無法接受...

Ça fait plus de 15 ans et j'ai encore du mal…

「吸麵」[1]

聲音

「吸麵」[1]

不要再出聲音啦![2]

其實我早就放棄了，只能忍耐[3]

1. slurp
2. Arrête de faire ce bruit!
3. En fait, ça fait un moment que j'ai abandonné, je ne peux que faire avec.

　　當然，我們也常遇到一些不同的生活習慣，尤其有很多都跟吃飯有關。就以吃湯麵這件很簡單的事來說，我老公就有個似乎是從日本傳來的習慣：吸麵條時會發出聲音。

　　其實這只是小事，真的不習慣話就戴上耳塞吧！對我來說一點都不難解決，也可以讓自己好過一些。畢竟，連我睡覺打呼，也是我老公戴耳塞解決問題的！

　　其實，我老公的朋友跟我說過，他已經跟以前不是同一個人了。不知道是不是我有稍微影響到他，還是因為年齡的關係，不過我們可以一起成長、做一個更好的自己，這是好事。

　　我們在一起的過程中，沒有太常處於遠距離戀愛（relation longue distance）的狀態。我每年回法國一個月左右，小別也只會讓我們更期待回到彼此的身邊。不過，有了小孩之後，我發現老公比較不想讓我們離開超過三個禮拜。老婆在不在隨便，但小孩子不在身邊這麼久他會捨不得。疫情以前，分開的時間也沒那麼久，畢竟我父母可以一年來台灣一次，我也帶小孩一年回法國一次。每年我老公也會一起去幾天，之後他先回台灣，我跟小孩再繼續多待幾個禮拜，一切順利。但是疫情來了之後，由於跟法國家人見面比較不容易，我跟孩子在法國待比較久，老公就得跟孩子們分開兩個月，這對他來說真的是不容易的事。但他還是做到了，因此我要感謝他。

　　除了煮飯跟吃飯時，我們為了習慣彼此喜歡的口味而做的一些調整之外，我們的婚姻裡有一個很大的挑戰，是我需要去面對的：就是我老公對

健身與打籃球的熱愛。

　　我剛認識他的時候，可能他剛好想做一些生活上的改變，開始偶爾會去健身。可是不知道從什麼時候開始，他開始想要努力運動。我不是不愛運動，我一直都很喜歡游泳、跳舞，但健身跟球類運動一直都是我非常不喜歡的運動，更不用說跑步！以前我們住台北的時候，我們會一起去萬華的一個戶外游泳池游泳，雖然他當時的游泳技術不是非常好，但他想進步，就持續努力練習。現在的他，也因為我熱愛浮潛而努力去克服自己面對海水的恐懼。

1. Non! Ne va pas retrouver ta maîtresse !
2. Je vais juste au basket. Tu es obligée d'être si dramatique ?

而我有沒有努力配合他對運動的愛呢？

可以這麼說吧，畢竟健身是我們婚姻中的小三啊！

每週有四到五個晚上，老公都要去健身房或打球，很少有例外。一開始我很生氣，我們甚至因為這件事吵了幾次架。一下班就去運動，回到家不就已經八、九點，甚至十點了嗎？都不用顧小孩？都讓我一人顧一整天（至少從早上五點到晚上），常有朋友跟我說，換做是他們也不會接受。

不過溝通了幾次之後我也多少能理解他的想法，畢竟一整天坐著面對電腦，晚上需要運動舒壓應該是正常的。再說，我也不是不能做我想做的

事，他也不是沒做他該做的家事，或是該為我們的家著想的事。我也不是沒有時間做我愛做的事，只是平日我陪伴小孩的時間比較多而已，但也沒關係，我又不是不喜歡。反正，我們都有努力去為彼此著想，想辦法讓每個人都愉快地過生活（雖然有時候看到他晚上十點才到家，忍不住對他翻白眼）。

　為了讓我們兩人有更多的時間在一起，現在的我也努力健身，每週固定跟他一起在家拉單槓，哈哈。

法語時間
Instant français

- **Faire des efforts**　努力

- **Communiquer**　溝通
  - ⓔ Le mariage est basé sur la communication et les efforts de chacun.
    婚姻是建立在溝通和彼此努力的基礎上的。

- **Penser à l'autre**　爲他人著想
  - ⓔ Se mettre à la place de l'autre.
    設身處地爲他人著想

- **Si tu étais moi, tu ferais quoi?**
  如果你是我，你會怎麼做？

- **Se détendre, faire baisser la pression**　放鬆、舒壓
  - ⓔ J'ai besoin de me détendre, de faire baisser la pression après le travail.
    我需要放鬆，以減輕下班後的壓力。

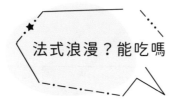

法式浪漫？能吃嗎

台灣男人的浪漫
藏在小地方裡

　　自從我來台灣之後常常被問：「法國男人會不會比台灣男人浪漫？」我每次都會翻白眼。我個人認為浪漫不分國籍，男人都是男人，台灣男人跟法國男人唯一不一樣的，是看的球賽不一樣而已，哈。

　　其實我剛來台灣的時候，覺得台灣男人很浪漫啊！天啊，沒有半個法國男人會幫女朋友背包包好嗎！浪漫都是在一些小動作裡面出現的，像是我很快發現，台灣男人很在意女朋友月經來時的不舒服，會幫忙買紅豆湯之類的，他們真的很貼心；法國男人反而不太會這麼做，其實很大男人。

　　還有，我記得我當交換生的時候，常常在學校小吃街的路邊攤跟一位工讀生聊天。沒想到他開始對我特別好，某一天我們在線上聊到我這幾天身體不太舒服時，他跟我說：「我等一下到宿舍樓下帶東西給妳。」沒想

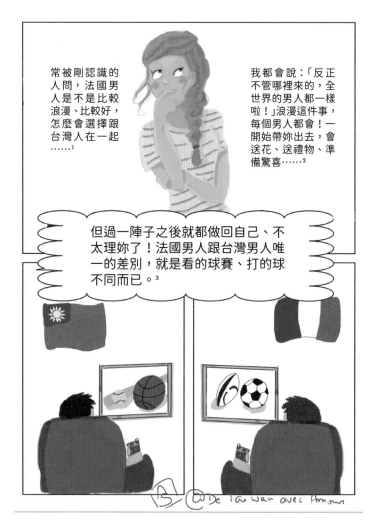

1. Les gens qui ne me connaissent pas me demandent souvent si les Français ne sont pas plus romantiques, pourquoi choisir un Taïwanais….
2. Ma réponse est la suivante: "Peu importe d'où ils viennent, mes hommes du monde entier sont les mêmes! » Tous les hommes savent êtres romantiques… Au début!
3. Mais après quelques temps, le naturel revient au galop. La seule différence entre les hommes taïwanais et les hommes français, c'est le sport qu'ils regardent à la télé!

法國男人跟台灣男人的差別...

France vs Taïwan

法國

髒東西！不要靠近我！
Beurk! Je ne veux pas voir ça

台灣

老婆，我發現家裡的衛生棉快用完了，幫妳買回來囉。
J'ai vu qu'il n'en restait presque plus à la maison.
J'en ai rachetées

到他帶了很多東西來，不但有一些藥，還有一些可愛的東西想給我。我真的把全部東西拿走帶回宿舍後才想到，我拿了他的東西會不會造成他的誤會，以為有什麼特別意義？……這些都是很多台灣男生一開始對某人感到興趣後，會特別貼心表達浪漫的方式。

我老公的浪漫也表現在一些小動作上，他不會講浪漫的話或是買花送我這類的，但他其實很了解我，知道我喜歡什麼，或需要什麼。如果他能提供的話

他就會做，就是這麼簡單，很直接，不會做作。工程師嘛！

而他也願意陪我看我喜歡、比較是女生的菜的美劇，裡面有一位帥到爆的男主角，看到老公邊看邊吃醋，我就覺得好玩（相信看過《柏捷頓家族：名門韻事》的女生們都會同意自己的老公、男朋友比不上男主角啦！哈哈）。

不過不得不說他真的很不會說話，嘴巴真的很不甜（這跟當初認識時會說「生不如死」的他完全不一樣），不過也因此我們的相處總是滿有趣的。

1. Papa, tu peux écrire "Je t'aime"?
2. Papa ne sait pas écrire ce genre de choses…

有一次我們一起看爽片，裡面出現一些比較浪漫的畫面，我就跟他說：「你看人家多浪漫！」他馬上回嗆：「拜託，這是電影好嗎？」他的用字遣詞真的讓我懷疑他是不是搞錯說話對象了，是真的在跟老婆講話嗎？我只能再說一遍：他是工程師，講話真的是有邏

輯的。而且他不只對我這樣，連對自己的前世情人也不例外。

　　女兒只能無言，因為還不懂這樣的幽默。我在旁聽得笑死，但女兒不懂，我只能跟女兒說：「男人都這樣！不要被他們騙比較好。」然後女兒看看我，還是不懂，哈哈。

　　不過，他的浪漫跟 3C 有關。有一天他買了可以控制顏色的燈泡裝進床邊桌燈裡，然後跟我說：「妳看，可以選顏色喔。」然後就選了藍色。

　　「你以為你在汽車旅館裡喔？」我無奈地說。

　　「好啦，那這個粉紅色可以吧？」他一臉很得意的樣子。

　　其實我嫁給一個不會給我想像中的大浪漫，但是會在每天的一些小動作裡表現出浪漫的人。雖然我會抱怨他很少做甜蜜的事，但其實我也不算是浪漫的人，不太會撒嬌，所以算扯平吧。

　　但比浪漫更重要的是，我老公是一個很負責任的男人，而像我這個常

常活在別的世界裡的人很需要這種人愛我、照顧我。

在法國最近有一個很熱門的議題叫做「la charge mentale」，就是說一種一直在腦海裡的壓力。這個壓力，都是法國女人在扛，包括：顧小孩、想吃飯的事、想學校的事、考慮家事、想度假要去哪裡等生活上的大小事。我不知道到底是不是我中大獎，找到人間稀罕的好男人，但不好意思，請你戴上墨鏡一下，我老公可以幫我扛以上所有的事。其實在我們家，是他擁有 charge mentale。很有可能就是因為我們住在台灣，很多事情雖然我能懂、也能做，但他來做會比較快，所以我真的不用扛很多的壓力，很多事情都可以一起做。在我看來，這也是一種愛的表達。

法國男人有可能比較會用浪漫的方式來表達愛，帶妳出去吃飯、點蠟燭、送妳花。但我覺得台灣男人的責任感，就是他們表達愛意的方式。

法語時間
Instant français

- Que c'est romantique!
  好浪漫

- Tu es l'amour de ma vie!
  你是我的生命中最愛的人

- Je l'aime à en mourir.
  我愛他到死

- Le romantisme se trouve dans les
  petits gestes.
  浪漫在小動作裡

法式浪漫？能吃嗎

高麗菜與法式浪漫

　　在亞洲地區，異國戀給人一種特別浪漫的印象，當你的另一半是法國人時尤其如此。自從跟莫先生結婚後，我也跟璦琍一樣被問過一些令人難以回答的問題，例如：

　　「法國男人是不是很浪漫？」

　　不好意思，我只跟一個法國人結婚過，數據太少，無從比較。

　　或是「一般法國男人講英文是不是特別性感？」

　　那個……莫先生的英文很好，沒有什麼濃厚的法國腔啦！

　　甚至有些不太熟的朋友還會說：「以後你們的小孩一定非常可愛，是混血兒耶！」

　　抱歉，我年紀太大快生不出來了！

小時候迪士尼中毒，
一心想跟金髮的白馬王子結婚

Quand j'étais petite, je rêvais un jour d'épouser un prince
charmant aux cheveux blonds à la Walt Disney.

　　一般人覺得西方人，尤其是歐洲人
都浪漫的不得了，在我看來，一切都歸
咎於我們從小到大所接觸到的童話故事
跟愛情電影的影響。我自己對異國戀有
浪漫的刻板印象，是從高中大學時期開
始的，那時迷上了已故作家三毛發表關
於她在異鄉生活的小說與散文，尤其是
她跟西班牙籍丈夫荷西的愛情故事。她在書中把荷西描述地非常深情，還
做了許多羅曼蒂克的舉動，令人好生羨慕。可惜的是，感情很好的三毛夫
妻結婚才五年，荷西就因為工作意外而喪生了！這帶給後來嫁給莫先生的
我很大的心理陰影，很怕我的老外老公的生命隨時有危險（我的陰影面積
也太大了，真是玻璃心）。話題好像扯遠了……。

　　跟莫先生結婚後，走在路上偶爾會看到台灣男生幫女友或太太揹包包，
莫先生看多了也想起而效尤。但是我跟璦珥的想法不一樣，很不喜歡這種
貼心的行為，每次都拒絕他。一方面我不想要別人對我側目，另一方面我
是覺得，我的包包又沒多重，幹嘛要別人幫忙提，我的手臂沒問題啦！而

1. Chérie, qu'est-ce que tu as?
2. J'ai mes règles, ça me fait super mal...
3. Sois patiente! Tu n'auras plus ce genre de problème dans quelques années.

生理期來身體不舒服時，除非我要求，不然莫先生並不會特地幫我買糖果巧克力。當我看浪漫喜劇電影或韓劇的時候，莫先生經過客廳，只會在我面前扮鬼臉或做一些沒有同理心的評論，例如：「韓劇裡的歐巴怎麼都塗口紅啊！」他從來不會陪我看這些，除非我看比較科普或有關宅男的戲劇，莫先生才會陪著一起看。

看了璦琍的文章，才發現原來台灣老公或男朋友都好體貼喔！結婚後幾年，我對「法國人」等於「浪漫」的這個幻想已經完全破滅，因為莫先生跟電影裡演的法國人完全不一樣！一般人想像法國情侶間碰到情人節或紀念日時都有的燭光晚餐、鮮花禮物等等，在我家從來沒出現過，就連莫先生自己的生日他也不想慶

祝。每年我的生日，踏實的莫先生從來沒送過花或珠寶，我只收過桌上型電腦或無線吸塵器等實用的禮物。所以說，莫先生真是不懂女人心呀！

跟瑗琍的老公一樣，莫先生也是個電腦工程師，可能因為他們的腦袋比較有邏輯性，才不怎麼浪漫吧？不過莫先生的嘴算蠻甜的啦，常會說我是他「最喜歡的愛人」。他也很少叫我的名字，通常是用法文暱稱來表示。法國人對親密的人或喜愛的小輩都有暱稱，他們最常叫的有「我的愛」、「我的心臟」、「我的跳蚤」、「我的高麗菜」、「我的絨毛玩偶」，或是「我的珠寶」。跟台灣人比起來，法國人相對地擅於使用言語表達感情，莫先生常常把愛說出來，或許這是人們覺得法國人很浪漫的原因之一吧。

另外，一般人對法國人的刻板印象是喜歡搞婚外情。上了法國文學課才知道，古代的法國女人因為丈夫長期外出工作或打仗而會去找小鮮肉陪伴，而且近代也有一些法國總統因為不倫戀而成為話題。但根據我自己的經驗，我們所認識的法國人很少發生婚外情，大部分的朋友都跟我們一樣安分守己，過著平凡的夫妻生活。

根據我屈指可數跟台灣男生的交往經驗相比，跟西方人談感情算是比較直接，也比較容易確認關係，而台灣人則比較含蓄而且要經過很長一段曖昧期才會發酵。大學時跟一個男生互有好感，還每天寫交換日記好幾個月，沒想到這段剛剛萌芽的感情經過一個暑假之後，男同學就成了別人的男朋友！之後我陸陸續續遇過一些台灣男子，也是一直跟我搞小動作、搞曖昧，像是不時摸我的頭（不是那種政治上的摸頭），心情不好的時候在

1. Bébé, t'es mon amour préféré.
2. Quoi! Je ne suis pas ton seul amour?
3. Il y a aussi ma mère, ma sœur et ma petite nièce~

小酒吧播我喜歡的歌送我，或是講心裡話講到深夜……。可惜還沒等到真正談戀愛，這些男生就都變成了別人的男朋友（而我也變成了別人的老婆）！我要呼籲台灣的男生：你們要積極主動一點啦！戀愛前的曖昧期雖然很美很甜蜜，但是曖昧期太長也會把人家搞到失去耐心的。不過我要再重複一次，台灣男真的比法國男溫柔體貼。以家暴事件的頻率與嚴重性而言，雖然台灣的家暴統計件數這幾年因為疫情的關係有增無減，但女性施暴者的比例今年似乎有增加的趨勢。相較之下，在法國，女性被男性伴侶家暴致死（féminicide）的情況更是嚴重，這些受害者從二十歲到七十幾歲都有，有些個案是被他們的男友或丈夫槍殺、還有個在光天化日下被活活燒死！法國政府對這個可怕的現象好像也無計可施。

　　總而言之，我覺得浪漫不浪漫跟國籍無關。對身為人妻多年的我而言，老公會不會甜言蜜語並不重要，重點是對我感情忠誠、對家庭負責任，這才是最重要的。幸好我跟璦琍的老公都是體貼的好男人，這讓活在另一個世界的我們能發揮興趣盡情畫畫跟做自己喜歡的事。

法語時間
Instant français

Les surnoms amoureux
法國情侶之間的暱稱

Pour lui　怎麼叫他

- Chéri / Mon chéri　親愛的
- Mon cœur　我的心肝
- chouchou　我的高麗菜
- Doudou　我的玩偶
- Mon amour　我的愛

Pour elle　怎麼叫她

- Chérie / Ma chérie　親愛的
- Mon petit cœur　我的小心肝
- Bébé　寶貝
- Ma puce　我的跳蚤
- Loulou　我的小壞蛋

老公眼中的異國太太

台灣太太與公主病

　　莫先生在跟我交往前從沒跟亞洲女生在一起過,不只這樣,根據莫先生的說法,他的歷任女友都是具有個人特色與個性鮮明的西方女性:有當過報社記者的女強人、有北歐外交官的女兒,也有提倡素食的行動主義者,還有石雕藝術家。跟她們比起來,我真的是一個平凡無比的女生。但有時我會好奇地問自己:莫先生憑什麼本事能跟這些優秀的女性交往?我沒有看不起我老公的意思喔!前面文章曾經提到莫媽很久以前就預言她兒子一定會跟東方女性結婚,她還特別強調這樣的想法並沒有種族歧視的意思,主要原因是莫先生的脾氣硬又固執。跟許多西方人一樣,莫媽認為東方人都溫柔又充滿包容心,但這其實只是一個刻板印象。莫媽認為她的心肝寶貝需要找個溫柔婉約的東方女子,才能在感情路上走得長長久久。我自認

法國也有公主病，
只不過不是我們台灣
的那種公主病

公主症候群、公主病
Le syndrome de la princesse

法文的公主病，其實是一種生理
狀況，用來描述無法在自己家廁
所以外的地點上大號的症狀。根
據知名市調機構 Ifpo 調查結果，
全世界有超過半數的女性有這樣
的問題。
……原來世界上大部份的女生都
是公主呀！（劃錯重點）

不是個溫柔婉約的亞洲女生，還被莫先生說過好幾次有嚴重的公主病！不
過幸好我們的婚姻已經邁入第十三年，真是可喜可賀。

　　我問莫先生，覺得台灣太太跟他的老外前女友們有什麼不一樣。莫先
生想也不想地回答：他的歷任前女友們都超有個性、超會表達自己、更不
在乎外界的眼光，而我卻幾乎跟她們完全相反。我想這應該不是我的問題，
只是西方人的外放性格與東方人的內斂性格根本就天差地遠吧！經過多年
相處，我覺得莫先生應該是被我的怪異個性吸引，因為他常常笑我是怪咖，
還會跟他的朋友們說我總是在做夢，甚至還把頭埋在雲裡面（這是法語的

莫先生說洗碗不是太太的工作，每次只要我主動洗碗，他都會說我沒有義務要做。但我不洗就不會有人主動洗碗呀，所以我每次都洗得氣噗噗……

表達方式：avoir la tête dans les nuages，表示愛做白日夢的意思）。可能也基於我的脆弱性格，莫先生對於我做家事的完成度標準非常低，這一點跟身邊當了太太的台灣朋友們比較，我相當幸運。我所認識的台灣太太們，即便是上班族，也要負起煮飯、打掃、洗衣等等做家事的責任，但是莫先生卻認為這並不是身為人妻非做不可的事。但在我家，即使莫先生這樣講，我還是會照常做家事，因為我不做沒人會做啊！家裡會變成廢墟！由於我每天都煮飯，導致莫先生覺得我超傳統，殊不知我本人超愛煮飯的，這並不是責任不責任的問題呀！

現在家中沒有小孩，只有我們兩個中年夫妻，而我們都在家工作，每天二十四小時都相處在一起。我沒有特別的事就絕對不會找家人或朋友聊天抬槓，但其實我是個愛講話的人，所以沉默寡言的莫先生理所當然的就成為我的受害者。

1. Aïe! Ça fait tellement mal!!!
2. Ma pauvre! Qu'est ce que tu as?
3. On m'a arraché une dent de sagesse. Ça fait si mal que je ne peux pas parler!
4. Génial!!! Je peux enfin être tranquille pendant quelques jours!!

　　莫先生不是個嘮叨的人，但每次我藉機找他諮詢（其實是抱怨）時，他就會開始長篇大論地開導我。只不過聽一大堆法文實在太累，所以我都是左耳進右耳出，難怪法文學了十年都沒什麼進步。沒有性別歧視的意思，但我真的發現在男女關係中，女方是比較擅於用言語表述的一方，這完全跟國籍無關。寫到這裡，我才發現（不好意思，我是遲鈍型的）我跟莫先生這十幾年的相處，雖然個性完全不同，卻是互補的關係，難怪他跟眾多耀眼的女友們都無法走到紅毯的那一端。比較弔詭的是，雖然我自認為不是傳統的台灣太太，但莫先生卻堅持他的老婆我的觀念超級傳統的！唯一正解是莫媽，她多年前的預言完全正確。只能說知子莫若母啊！

愛講話的台灣太太我，不只跟莫先生講話，還愛跟貓咪講人話！
莫先生常常搞不清楚我是在跟他講話還是跟貓講話。
A la maison, je ne parle pas seulement à M. Mo mais aussi au chat.
Alors M. Mo se demande parfois si je m'adresse à lui ou au chat.

1. Bébé t'as faim? Viens manger!
2. J'ai la dalle, qu'est-ce que tu prépares?
3. Je parlais avec Didi et je n'ai pas cuisiné pour ce soir!

老公眼中的異國太太

工程師老公與法國太太

　　本書大多都是我在講我眼中的老公是什麼樣的人，或是我自己是什麼樣的人，所以這一篇給老公一個機會，讓他「說說」自己的看法、在他眼中我是怎樣的人，這樣才公平。不然都是我在寫，他都沒有發揮的空間呢。

　　剛認識我老公的時候，覺得他對法國女性沒有任何想法。不過，他是那種喜歡西方女性的男人。認識我之前，他交過幾個從國外來的女朋友，據說，是因為想要練英文。這個原因不是不合理，但只能說跟我在一起之後，他應該沒什麼機會好好練英文吧，因為我都希望他跟我講中文（這不就換成是我在利用他了嗎？）。

　　當我問他：「在你眼中，我是什麼樣的人？」老公的答案只會讓我翻白眼：「懶惰、不浪漫、骯髒、愛抱怨……」那你到底為什麼跟我在一起呢？

怎麼樣？我愛抱怨、我懶、我髒，是吧？
Ben quoi? Je me plains, je suis sale et fainéante, c'est ça?

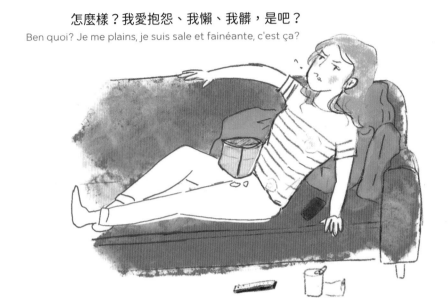

怎麼感覺我都是問題，你自己就很棒呢？

　　這樣看來，一般人對法國人的刻板印象我都中了，而且是不好的印象那一種。各位讀者，你應該聽過在法國，到公家機關辦事需要花很長很長很長的時間吧！法國人做事很慢，老公說我懶惰，也許指的就是這個。我是牡羊座，雖然常會有一些衝動，但我執行起來很慢，就跟法國行政機關一樣沒效率，這對效率王的工程師老公來說，大概很不好受吧。

　　法國人不愛洗澡、法國人愛抗議……好啦，這點我承認我是真正的法國老婆！那浪漫呢？我怎麼不浪漫？不對，這個刻板印象是指法國男人，所以當老公生日或是什麼節日我沒有表達愛意的時候，他會問我：「妳不是法國人嗎？妳的浪漫呢？」我跟他說，他應該找的不是法國老婆，而是法國老公。

　　其實，以上這些事也不能說不是事實，只是我們對這些事的定義不一樣。就以骯髒這件事來說，應該是指我不愛打掃、不愛整理的個性。天啊！沒有人想把時間浪費在這些無聊的家事上面，那就讓機器來做嘛！掃地機器人、洗碗機這些都是我們家的生活必需品。還好老公是一個喜歡科技、愛研究 3C 商品的人，也認同現代人就是要靠科技來節省時間，所以他很貼心地買了以上的商品，並且鼓勵我用洗碗機不要猶豫；要整理打掃的時候，全家人在週末花點時間一起整理，掃地就讓機器人跑吧。

三天後[3]

可以幫我準備
這個文件嗎？[1]

好啊[2]

準備好了嗎？[4]

什麼？喔，還沒……[5]

刷個牙也不能安靜[6]

五天後[7]

· · ·

唉唷，他在我後面，
還不放過我……[8]

1. Tu peux me préparer ce document s'il-te-plaît?
2. Ok
3. Trois jours plus tard…
4. C'est prêt?
5. Quoi? heu…non pas encore…
6. On peut pas se laver les dents en paix…
7. Cinq jours plus tard…
8. Ohlala…il est derrière…il me regarde…Il me lâche pas..

工程師老公的實驗室

Le labo du mari ingénieur

1. Si je répare ce circuit, peut-être qu'elle aimera plus la propreté?
2. C'est mon cerveau que tu essaies de réparer?…

想一想，我覺得在我工程師老公的眼中，我就是一個實驗品，他應該是想要證明自己能讓我變成更好的人吧？我們都知道其實人很難改變，但也不是什麼都無法改變，畢竟自己的身材可以想辦法控制、想法也可以學習調整，可是很多本質的事還是很難改變吧。

雖然改變很難，但畢竟選擇了跟這個人在一起，雙方都需要努力去搞懂對方喜歡與需要的事，然後一起繼續走下去。在法文裡，我們會說 Les contraires s'attirent，就是「完全相反個性的人會吸引彼此」，而我覺得我跟我老公的組合真的很能證明這個說法。這些反差，其實讓我們自己更完整。至少，當我老公受不了我的懶惰與隨興的時候，我就會提醒他，就是因為我可以讓他發揮不一樣的自己，他才會想要跟我在一起。

法 語 時 間
Instant français

- **Tu trouves que je suis quel genre de personne?**
  你覺得我是什麼樣的人？

- **Tu me vois comment?**
  你認為我是什麼樣的人？

- **Tu me prends pour qui?**
  你把我當什麼人？（兇）

- **Avoir des qualités et des défauts**
  有優點也有缺點

- **Être différent des autres**
  跟別人不一樣

異國婚姻的
家庭甘苦談

跟西方人結婚，
就沒有婆媳問題？

　　許多台灣人說，跟西方人結婚的女性很幸運，因為外國人們都沒有婆媳問題。身為當事者，我只能說我個人的情況十分符合台灣人對這方面的刻板印象。不過我認識幾位嫁到國外的女性卻吃了不少苦頭，其中一位嫁到歐洲的朋友結婚前幾年，為了學習如何擺刀叉餐盤常被夫家數落到嚎啕大哭。我想無論身處東方文化或西方文化，只要是人跟人互動就會產生衝突。

　　雖然住在同個城市，莫先生每年卻只跟我娘家的家人見一、兩次面，所以我的家人跟他完全熟不起來，想當然就沒什麼磨擦，反倒是相處時的尷尬比較多。台灣媒體常出現台灣女生的父母對這些外國女婿讚不絕口的評價，像是：比台灣人還像台灣人、丈母娘看女婿越看越有趣……這類的

自從結婚後，每年吃完年夜飯，老媽總是花比平常一倍久的時間洗碗……

Depuis que je suis mariée, ma mère passe beaucoup de temps à faire la vaisselle après avoir mangé le repas de réveillon…

1. Maman, laisse-moi faire, vas-y parle avec M. Mo.
2. Non, ça va, en plus tu ne fais pas bien la vaisselle.
3. Je pense que ta mère n'est pas à l'aise de parler avec moi, c'est pour ça qu'elle passe autant de temps à faire la vaisselle.
4. Arrête de réfléchir autant, tu n'es pas Détective Conan.

美談在我家從沒發生過。其實我希望莫先生能在跟我家人相處這方面更入境隨俗一點，但莫先生實在太做自己了，有時我很羨慕別人的老公能跟太太家人和樂融融。

即使莫爸莫媽跟我們夫妻倆分隔兩地，但每年回法國探親或他們來台灣時，我也和他們密集相處，所以應該也有資格來談談一般媳婦們會遇到的問題。莫媽以前是國中老師，可能是職業病，也可能是當婆婆的天性，

莫媽非常喜歡指導她唯一的媳婦（也就是我）。剛和莫先生結婚時，我的法文程度比現在還爛好幾十倍，所以莫媽的批評指教我都有聽沒有懂，不過也由於如此，我的心情才沒受太大的影響。現在想想，當媳婦的人似乎要以這種「大智若愚」的態度來面對夫家才是上上策！這幾年因為法文到了可以閒話家常的程度，所以漸漸體會到被婆婆碎念的滋味！例如莫媽非常喜歡教我做法式家常料理，但她常看不慣我隨性的備料方式而對我嘮叨跟矯正。一剛開始不知變通也不懂得拒絕的我，常不知如何是好而被弄到很煩很想哭。不過這幾年我變得聰明一點了，只要莫媽一開口要教我煮菜，我會馬上拿出手機說：「太棒了，莫媽妳一步一步教，我一邊拍下來一邊

我家的貓用有趣的方式歡迎婆婆…

Notre chat a une drôle façon de souhaiter la bienvenue à ma belle-mère......

其實我剛結婚沒多久就變黑媳了～
莫爸莫媽來台灣參加我們婚禮的第一天，
我家的貓在莫媽的行李箱裡撒了一泡尿！
結果隔天他們就決定離開我家去住旅館了……

做筆記，等我回家再重做一次。」這樣一來我只需要做好我攝影師跟祕書的工作，莫媽也不再因為我表現不好而碎碎念了。

至於支援原生家庭這方面，我跟莫先生算是幸運，我們的父母都健康，也有積蓄跟退休金，所以目前沒有任何奉養雙親的壓力。在法國，成年有工作的孩子基本上不會把部分薪水交給父母以聊表孝心，而且家長們也沒有養兒防老的概念（幸好這個想法在台灣也越來越過時了）。莫爸莫媽退休後，他們並沒有比較節儉度日，反而是花大錢裝修房子，甚至每年都要搭遊輪去海外旅行兩次！他們放話給莫先生跟莫妹說他們在死前一定要把錢花完，不會留給小孩們。其實莫先生還比較擔心他們會債留子孫啦！而相對的，莫爸莫媽他們也不奢求他們老到不能自由活動後，還要讓孩子們照顧，他們已經規畫好到時要跟莫阿嬤一樣住到養老院，非常有自己的人生自己救的概念。我不確定現在的台灣年輕人還需不需要每個月給父母孝親費，雖然我的老爸老媽是沒這個要求，但過年時給他們壓歲錢對我而言是不能少的重要儀式！莫先生在台灣的第一個過年對給父母紅包的傳統很是訝異，他們的文化中很少直接把金錢當禮物給送出去！幸好莫先生經過我的一番「教化」後，之後的每個過年還會主動跟我討論要包多少紅包錢給我老爸老媽，真是謝天謝地！

以前我聽說西方人都不會稱呼他們的父母「爸爸」、「媽媽」，而是直呼他們的名字，但我發現這個傳說只對了一半，莫先生跟我們一樣都叫自己的父母爸爸媽媽！相對地，莫爸莫媽一開始就要求我直接叫他們的名

字:「安妮」和「伊夫」,這舉動真叫我大大鬆一口氣。相對的,莫先生也不會尊稱我的父母為「爸爸、媽媽」,他覺得這種叫法非常奇怪。我見過許多台灣女性在網路上求助,詢問如何改變心態把當女友時期跟男友父母打招呼的「伯父、伯母」改成「爸、媽」,即便她們不願意,但婆家都這麼要求了還能怎樣?雖然我沒身歷其境,但可以感同身受,是說要喊不是生你養你的人爸爸媽媽真的好難(更何況莫爸莫媽是老外)!所以我很好奇台灣媳婦的瑗琍有沒有遇到類似的挑戰。最後我要說,豬隊友並不是台灣獨有的產物,冒似特別獨立自主的莫先生就是其中之一!我往往在跟莫爸莫媽,甚至跟莫妹相處不太愉快時會跟莫先生抱怨,但讓我失望的是,

跟中式擺盤比起來,
西餐的餐具也太多太複雜了!

Par rapport aux couverts taïwanais, en France ils sont beaucoup plus compliqués!

莫先生完全沒有要解決問題的意思（也不想想他是關係人！），他只會說
一些類似：不要太計較啦、他們是把妳當一家人才會這樣啦、他們也很愛
妳啦、我們都是一家人……等等的場面話。各位太太們，這些話是不是很
似曾相識呢？面對這樣的莫先生，我真的很慶幸我不需要跟他的家人長期
相處，不然我可不確定我們的婚姻能延續這麼久呢！

追 記

　　這篇文章紀念我的婆婆，安妮小姐。

異國婚姻的
家庭甘苦談

老公跟岳父岳母，
愈少見愈好！

我學中文的時候，學到「嫁出去」這個說法，聽到時真的很傻眼。這樣的想法不是上個世紀的事嗎？不是一九〇〇，是一八〇〇年代啦！以前的法國文學裡也會有類似的說法，當然，後來想想在法國婚禮上，也有把女兒的手「給」對方的橋段，所以其實是我太傻了吧。

不過在台灣，嫁出去不只是字面上的意思，婚禮上的習俗也帶有這個含義。結婚後跟公婆一起住讓我覺得比較難理解，好像嫁了之後真的變成別人的物品，甚至有些家庭不讓老婆隨便回娘家，我聽過太多這類傷人的故事了。

所以這讓我認為，台灣女人跟西方男人結婚其實很有福氣啊，哈哈。不過，看了 Renren 的一些故事，也發現不一定是這樣啦。其實婆媳關係這

件事，一定是全世界都有各自的問題！女人對女人的兇狠可以很可怕，更何況，這牽扯到各自最愛的男人之一，也就是兒子或老公，只能說太可怕了……。

　　所以我結婚的時候有人問我是不是很怕嫁給台灣男人，只能說在結婚前，我已經有在觀察我老公的家庭。婚前我們就跟老公哥哥一起在他老家住了幾年，那時是自己住一個樓層，其實遇到家人的次數也沒有很多。問題當然不是完全沒有，但也還過得下去。結婚之後，我大概知道我們會有自己的家，不用擔心跟其他人一起住。不然也許生活就會變得很困難吧！畢竟在法國，我們不會常跟家人一起住，當大學生的時候就已經離開家裡，基本上不會再回老家住了。

　　光是兩個人一起住，就很有可能出現不少問題，當然更不用想跟不同年代的人一起住了，一定超崩潰！像我每年回法國幾週，跟我親媽媽住在一起，也都會出問題呢，哈哈！

　　跟長輩住在一起，怎麼會自在呢？想要在家裡打赤膊走來走去，有可能嗎？天啊，如果需要一直擔心會不會有人突然衝進來，那真是有夠麻煩。

　　之前我爸媽來台灣的時候，會住在我們家大概十天到一週。我知道老公就會覺得比較不自在，只能說，還好是暫時而已（其實我自己也超不自在，哈哈）。

　　所以說，我算運氣還不錯的，可以自己在外面住，也可以跟婆婆有好關係。這樣不就完美了嗎？

隨時不穿衣服走來走去。
要是有其他人在家該怎麼辦呢，哈哈。

1. En ce moment, quand j'appelle ma mère, voilà ce qu'elle voit…
2. Les enfants ne s'habillent pas?
3. Il fait trop chaud et on fait des économies d'électricité.
4. Et puis, un jour, ma mère en a eu plein les yeux…
5. Heu… Ton mari ne s'habille pas non plus donc…
6. Hey! Fais attention hein…
7. J'ai chaud aussi! Qui est-ce qui ne veut pas mettre la clim?

　　還有另外一件事我無法做到，跟 Renren 的老公一樣，就是稱呼婆婆為「媽媽」。嗯，也許你會覺得沒差，但我媽只有一個，就是我的親媽媽，如果我叫婆婆為媽媽，我相信她會覺得傷心。所以在稱呼方面，一直到有了小孩之後才變得很簡單，就是跟小孩一起叫「阿嬤」。當然不是直接稱呼她，這樣應該有點沒禮貌，但其實我很少會需要這樣稱呼她。我比較常直接用「哈囉」或「你」來稱呼婆婆，而我婆婆也接受這樣，真的沒有為難我，我也非常感激！

　　至於我老公跟岳父岳母的關係啊，這就沒什麼好說的，哈哈，他就對他們客客氣氣的。麻煩的是他們很難溝通，又聽不懂彼此的英文。一個不會法文，兩個不會中文，要是沒有我在就很麻煩。所以對我來說，他們愈少見面愈好。

　　我爸媽也只見過我婆婆跟老公的哥哥兩次吧。場面其實有點尷尬，但他們都對彼此很客氣。每次我爸媽來，婆婆都會準備好茶葉給他們帶回法國。我爸上次來台灣，剛好遇到婆婆的生日，我們就去一起吃飯。爸爸跟我們說，一定要帶他去花店買花！婆婆很害羞，但我相信她很感動，畢竟她兒子也不會送花給她，哈哈（但他也不會送我）。

這哪位啦，哈哈！

每個家庭，都有一些問題，也都會有吵架
的時候，不分國籍。
但在我們家，我覺得大部分時間都很平靜。

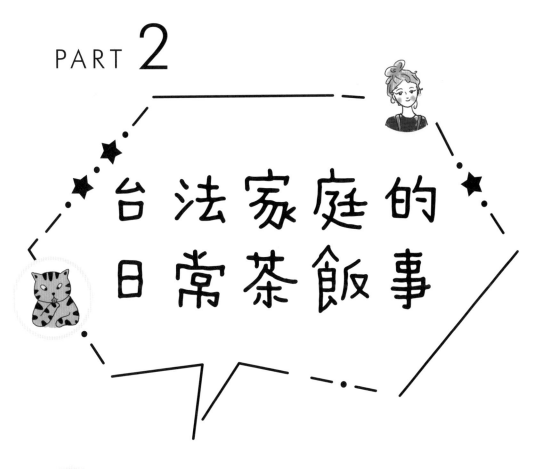

PART 2

台法家庭的
日常茶飯事

法國老公吃不慣台式早餐，
買不到法國麵包，竟然自己動手做！
台灣老公不噴香水就能每天香噴噴，
是因為洗澡都要洗 10 分鐘？
當法國麵包碰上台式豆漿，又會擦出怎樣有趣的火花呢？

我家的台法餐桌

小心芝麻包陷阱！

最初來到台灣的時候，最不習慣的地方之一就是食物。

法國人以為自己的料理是全世界最好吃的，所以到了別的國家，常常會覺得什麼都難吃。我一開始好像只吞得下炒飯吧，然後最難習慣的部分應該是早餐，我真的每天都想吃麵包跟奶油！另外，當初我對臭豆腐很不能接受，雖然現在完全不一樣了，哈哈。

一開始我常在便利商店買牛奶麥片或是起司貝果，記得有一次我冒險買了一罐甜豆漿跟火龍果當早餐，結果那天在教室裡我開始不舒服，請老師讓我出去一下，然後在洗手間把早餐全都吐出來。現在想想，當時我的胃應該是還無法接受這些食物吧。

豆漿這種東西，其實我在法國有接觸過，因為有一段時間我爸不喝牛奶，

但對當時的我來說真的很難喝。不過我現在覺得台灣的豆漿很好喝，我後來習慣甜豆漿或是無糖豆漿，也很喜歡喝溫的豆漿，但還是不太喜歡鹹豆漿。

後來我也慢慢開始偶爾吃飯糰、三明治跟蛋餅。蛋餅對我來說真的是最能接受的鹹早餐之一，只要有起司、蛋、玉米就可以，不要再給我加什麼鮪魚之類的就沒關係。我老公喜歡鮪魚蛋餅，我一直覺得吃了之後一整天嘴裡都會有味道，很可怕。

包子其實也是我還蠻喜歡的早餐，尤其是甜的。我在台灣不但愛上了芋頭，也認識了芝麻，而我最愛吃的包子就是芝麻包。不過，吃了芝麻的時候，就很容易被它出賣……。

後來搬到有廚房的房子後，我開始在台北尋找哪裡可以買到道地的法

台灣美食之一就是包子，
尤其是芝麻包超好吃！
Une douceur de Taïwan, le baozi!
et surtout celui fourré au sésame!

但要小心，
吃了芝麻包，它就會出賣你……
Mais attention, il te trahira après consommation…

我已經尷尬了好幾次……
Je me suis retrouvée bête déjà plus d'une fois…

@DeTaiwan avec Amour

國麵包，想慢慢地回到我原本的早餐習慣。在
台灣住了十七年後的我，雖然偶爾可以接
受吃鹹的早餐，但還是最想吃法國麵
包加奶油果醬。對了，我說的鹹早餐
大概也只能接受三明治、蛋餅、蘿蔔
糕，不要給我麵線，謝謝。前陣子我
買了關於台灣早餐的繪本……我覺得
有好多好多的選擇，可是其實有很大一
部分我這輩子應該是不會吃的，因為我的胃
會反抗，哈哈。

　　如今最棒的是，好吃的法國麵包在台灣到處都買得到了！雖然從台北
搬到了竹北，從我家走路不到五分鐘的範圍內，就有兩家超好吃的麵包店！
曾有一段時間我會自己做麵包，可是後來不做了，因為這麼方便就能買到
好吃的麵包，為什麼還要自己做呢？（嘻嘻，我真的很懶惰）

　　在我父母家的早餐桌上絕對不能缺的麵包一定有法國長棍、吐司、巧
克力麵包、可頌、布里歐……，結婚之後也不例外，我們家隨時都有麵包
或至少吐司可以吃。老公也受我影響一起吃麵包，他還學會把麵包沾咖啡
吃，就油條沾豆漿一樣。雖然他接受我的飲食習慣，但連續吃幾天甜的，
他也會想吃點鹹的早餐。異國婚姻就是這樣，需要接受另一半的文化，或
者至少要接受一小部分，食物就是其中之一啊！

在早餐店點餐不能乖乖排隊，可是很競爭的！

1. Les Taïwanais savent très bien faire la queue en rang.
2. Mais il existe un lieu… Où tout est différent.
3. Je voudrais…
4. « Une omelette au thon! » « Un hamburger au fromage pour moi » Mais Allô quoi!
5. Je suis invisible c'est ça!?

法語時間
Instant français

- **Manger dehors**
  在外面吃

- **Prendre à emporter**
  帶走

- **Le petit déjeuner est le repas le plus important**
  早餐是最重要的

- **Tu prends du salé ou du sucré pour le petit déjeuner**
  早餐吃甜還是鹹的

- **Le matin, je ne prends pas de petit déjeuner.**
  早上我不吃早餐。

- **Je bois seulement un café.**
  我只喝一杯咖啡。

- **À table!**
  來吃飯囉

我家的台法餐桌

牛角麵包與培根蛋餅

　　跟璦玛還有許多西方人一樣，莫先生剛開始到台灣時吃不習慣我們道地的食物，住在台灣快十五年，他一直認為法國菜是超級無敵第一名的世界美食；這幾年因為疫情影響無法回法國，想念家鄉味的莫先生每週都要點一道法國菜讓我煮給他吃。

　　我記得第一次去法國時，馬上就愛上法國人的早餐，甚至簡單的法棍塗奶油果醬都是我的最愛！法國人一般都習慣一大早去附近麵包店買剛出爐的麵包，像是可頌、巧克力麵包、蘋果餡餅。跟台灣人相反，法國人的早餐總是吃甜食，所以莫先生第一次接觸台灣的美而美早餐店時覺得有很大的文化衝擊，他不吃三明治、漢堡或蘿蔔糕，只愛培根蛋餅加起司，而且還指定要加辣醬。莫先生年輕時曾在非洲國家塞內加爾當兵，當地人常

我最愛的法式早餐
Mon petit déj à la française préféré

CHAUSSON AUX POMMES
|休鬆 喔 碰|
蘋果餡餅

Café au lait

PAIN AU CHOCOLAT
/胖 喔 休扣喇/
巧克力麵包

CROISSANT
/垮送/
牛角麵包

TARTINE DE CONFITURE
/塔喝聽 的 空飛土喝/
果醬麵包片

吃辣椒，所以他也學會了吃辣，不像大部分的法國人都很怕辣。

莫先生的台灣食物地雷很多，再加上他高鼻子，嗅覺比較敏感，舉凡味道重或外表看起來「可疑」的他都不接受，像是滷味、蚵仔麵線、蚵仔煎、肉羹麵、燒酒螺、皮蛋、肉粽、鴨血、麻辣鍋、七里香、黑白切、烏魚子、沙茶醬、苦瓜⋯⋯這些食物他完全不碰。但這都是我的最愛呀！每年我帶莫先生回娘家吃年夜飯時，老爸老媽怕他吃不飽（因為不吃的東西

太多了），所以會多準備德式香腸跟生菜沙拉等外國人一定能接受的料理，我想我們家祖先在天之靈也同時受惠，品嘗到異國菜色了吧，哈哈。反倒是許多外國人敬謝不敏的臭豆腐，莫先生倒是不討厭，炸的或蒸的他都很可以。我發現許多法國人很能接受臭豆腐的美味，原因是法國有許多起司的臭味比臭豆腐強烈得多。

別以為這樣的莫先生嘴很刁，其實並不會。如果我懶得煮晚餐，他就會到我們家巷子口買他最愛的台灣食物，例如鍋貼、麻醬麵配豆干、鹽酥雞（要小辣）、炒飯或涼麵。此外，莫先生特別愛吃台灣的杯麵，有一陣子他都拿來當宵夜吃，而且他的杯麵一定要加一大堆起司。有趣的是，法國人大多不怎麼喝湯，他們法國人喝的湯大多都是濃湯，味道重所以需要沾麵包吃，所以我們家是不煮湯的，愛喝湯的我只好買一堆海苔湯包配飯。

我們家這幾年來比較常做西式料理，我個人覺得比較不油膩也比較不麻煩。認識莫先生前，我是個茶來伸手飯來張口的大小姐，老家廚房是老爸老媽的地盤，我甚至不知道怎麼用大同電鍋把米煮熟。跟莫先生同居之後，我的煮婦之魂大噴發，每天做台式、中式料理的實驗，幾年下來我跟莫先生的體重都回不去了。

平常台式家常料理，我最常煮、而莫先生也買單的是蔥花蛋、宮保雞丁、沙茶牛肉空心菜（雖然他不吃沙茶醬，但炒過之後好像味道沒那麼重）、麻婆豆腐、打拋肉跟泰式檸檬魚（咦？這兩樣不是台式家常菜）。懶得備那麼多料時，我就會煮簡單的茄醬或青醬義大利麵，反正莫先生會自己加一大

堆起司，他吃的高興就好。莫先生常跟我說，我的工作不包括煮飯（但我真的很喜歡煮）。莫先生自己有時興致一來也會下廚，他最常煮的都是用豆子罐頭加上咖哩塊跟椰漿的奇妙素食料理，無肉不歡的我有點不能接受，但至少他學會用大同電鍋煮米啦！我最喜歡的是他做的鷹嘴豆泥（Houmous），這道料理有點費工，最後通常被我當成下酒菜偷偷吃掉。

剛到台灣時，來自麵包王國的莫先生找不到正統又好吃的麵包，所以他就上網找食譜自己做出法式鄉村麵包（Pain de campagne），幸好最近這幾年有些來自法國的麵包師傅在台北開店，莫先生就不需要大費周章地做麵包了。

至於近年來很紅的外送美食，除了披薩連鎖店外送服務，我們家從來

1. Chérie, je vais cuisiner le dîner ce soir.
2. Mon Dieu! Je ne sers à rien si tu cuisinais tout le temps~ ouin ouin ouin….
3. Ne t'inquiète pas ma belle, je te laisserai tout le bordel à la cuisine.

不叫食物外送，只能說我們夫妻倆有種莫名其妙的堅持吧。在點披薩方面，因應莫先生的重口味，我們一定都會付錢多加起司，而且莫先生一定會指定吃某家連鎖店的四種起司披薩（真是道地的法國人呀！那麼愛起司）。此外，法國人非常愛吃甜食，莫先生常常說他小時候放學回家，最期待的就是吃莫媽自製的蛋糕。兩年多沒回法國南部老家，莫先生非常想念莫媽做的蛋糕甜點，可能是母子連心吧，莫媽在疫情期間常常 e-mail 法式甜點的食譜給我，所以我幾乎每週都會依照莫媽的食譜做一道甜點給莫先生吃。記得二〇一九年夏天回莫爸莫媽家時，莫媽還教我怎麼做法式布丁蛋糕（clafoutis），這是莫先生小時候最愛吃的甜點。這陣子我常做給莫先生吃，一解他這兩年無法回法國的遺憾。

Clafoutis grand-mère aux cerises
法國阿嬤的櫻桃布丁蛋糕

材料：

cerise
櫻桃500克

œuf
全蛋四顆

kirsch
櫻桃白蘭地
（少許）

Poudre d'amande
杏仁粉70g
（不是喝的那種）

farine
低粉100g

lait
牛奶300cc

Sucre glace
糖粉60g

Sucre vanillé
香草糖1茶匙

beurre fondu
融化無鹽奶油40g

做法：

1. 烤箱預熱200℃
在烤盤四周抹上少許
奶油。把櫻桃均鋪滿

2. 把杏仁粉和麵粉
放入調理盆，丟入一
小搓鹽，攪拌一下

3. 打4顆蛋在粉上，
加入糖粉、香草糖，
用力拌勻

4. 加入牛奶和Kirsch
（沒有Kirsch就算了!!），
攪拌至如絲綢般滑
順。最後加入融化奶
油，再拌一拌

5. 把稀稀的麵糊
倒入烤模

6. 送入烤箱，烤約
30~40分鐘。放涼
後再享用!!

法國人真的
比較時尚嗎？

台法穿搭，
只差一顆扣子啦！

　　說到法國女人，或者說包含男人在內，你可能對法國人會有一些刻板印象。其中之一就是：法國人很懂時尚。

　　我只能說，我有一個很愛買衣服的媽媽，也有一個很懂打扮的外婆，以及一位非常熱愛服裝的姑姑（人家還在小巴黎開服裝店將近四十年）。所以如果這樣看來，好像可以說以上的刻板印象大概是真的。很多法國女人很在意自己的穿搭，但這代表其他地方的女人不懂嗎？也不是，法國女人的打扮多半是一種經典、不能太顯眼的打扮。

　　所以，我在這樣的環境裡長大，理論上應該懂得怎麼打扮自己吧？記得小時候我媽跟阿嬤很喜歡幫我買衣服，印象中很少會出現有卡通圖案的衣服，最多是有點花兒，但常常是素色或條紋的圖樣，顏色則多是黑、白、

深藍、一點棕色、一點米白色或一點紅色，差不多就這樣；夏天會出現多一些淺色，但基本規則是：一次不能穿超過三種顏色，而第三個顏色的比例是少很多的。

這些穿衣的基本原則一直以來都印在我的腦海裡。喜歡紅色的我，有時候還是會買一些紅色的衣服，但如果要有創意一點，基本上我會選擇把紅色穿在鞋子上。我最愛的就是黑白穿搭或是牛仔褲配黑色或白色，大部分的夏天衣服也差不多是這些色系，沒有什麼圖案或文字，也幾乎沒有鮮豔的衣服。現在我女兒身上穿的也都比較偏向這樣，不過弟弟還是會有些例外，會比較大膽一點。

因為我的個性很隨興，通常以方便為主，加上工作的關係常在家，而且買衣服或化妝完全不是我的興趣，所以我不像在巴黎街頭上會遇到的時尚女孩。

我剛到台灣的時候，真的是開了不少眼界。在大學，看到很多人穿可愛圖案的衣服，甚至在路上遇到的媽媽、阿嬤也一樣，穿著很顯眼的衣服。這真的跟法國那邊差很多。還有，台灣的女生會穿很短的短褲、短裙，這在法國直到最近這幾年才比較看的到，法國女人是會穿低胸一點的上衣，但比較不穿短褲，反而是台灣女生比較不敢露胸口，但不在意穿短褲。曾

台灣與法國的時尚差異：一顆扣子而已

La différence de mode entre Taïwan et la France ne tient qu'à... un bouton!

　　經我分享過一篇關於法國與台灣的時尚差異，只差在一個扣子而已。很奇怪呢！台灣男人可以對女生的半塊屁股沒有感覺，但是看到一點胸部，好像是世界末日呢，哈哈！

　　其實時髦，也不是只會有女人懂嘛，男人也可以懂。但剛到大學的時候，被一群穿著籃球褲和藍白拖鞋的大學生嚇到。不好意思，這個藍白拖鞋啊，可以放在家就好嗎？哈哈，說真的，我在高中時住在學校，早上下來吃早餐的男同學，都已經打扮得乾乾淨淨的！我知道台灣很熱啊，不像法國的氣候，但這個代表台灣時尚的藍白拖鞋，真的是我看過最好笑的一

個東西啦！

好啦，在台灣的大學裡，我其實也遇過不少會打扮的男生，我覺得應該是被美國的 Hip Hop 時尚影響的。所以當時覺得除了當地的特色，很多穿搭來自美國的街頭。

現在，藍白拖這個時尚配件在家裡只是拿來打蟑螂的啦！

現在在我家，最愛漂亮的其實是工程師老公！他買衣服的頻率是我們一家四口中最高的，雖然大部分的時候都是挑特價買，但他真的很愛漂亮。出門時一定會好好弄頭髮、戴隱形眼睛，並挑選讓肌肉看起來比較明顯的上衣，畢竟人家有練嘛！當然要秀一下。他根本是雙面工程師，白天穿藍白拖鞋搭配淺藍色籃球短褲；晚上就換成緊身牛仔褲配緊身 T 恤。有時候我會跟他說：「這件牛仔褲會不會太緊了一點啊？你以為你大學生啊？」馬上就被他打槍：「是不是妳覺得我這樣看起來比妳瘦，所以不喜歡啊？」好吧，我心想，你高興就好。

剛認識他的時候，記得有次我穿了一件寬鬆的上衣，他後來竟然跟我說了好幾次「那天穿得真的很不討人喜歡，應該要穿比較合身一點」之類

爸爸愛耍帥，
連孩子們都訓練良好…

Notre papa aime se trouver beau au point d'apprendre
aux enfants à le dire…

爸爸好帥！[1]

我只能翻白眼……[2]

1. Papa, t'es trop beau!
2. Je ne peux que lever les yeux au ciel…

的話。有一次我生日，他送了我一件這輩子買過最貴的洋裝，確實很好看，所以我到現在偶爾還會拿出來穿（只是現在變得有一點點緊啦，哈哈）。我只能說，他比我更在意怎麼穿，可能也比我懂這些，但如果我突然決定擦紅色的口紅──這也是很多法國女人喜愛的穿搭：黑色衣服配紅色口紅──他就會露出微笑，大概是因為不習慣吧。在我看來，這是很多男人對紅色口紅會有的反應，對吧 Renren？

法 語 時 間
Instant français

- **être à la mode**
  時尚
  ⓔⓧ Avoir le dernier sac à la mode.
  擁有最近很紅的包

- **être tendance**
  熱門、當紅
  ⓔⓧ La tendance que tout le monde s'arrache.
  大家搶著的最新熱門

- **On voit ce sac partout en ce moment.**
  最近，到處都看到這個包包。

- **Cette influenceuse/Cet influenceur est très populaire.**
  這個網紅／KOL 很吃香。

法國人真的
比較時尚嗎？

法國女人與黑洋裝

　　台灣人對法國人的刻板印象之一就是法國女性很懂時尚（la mode），但根據我嫁給法國人莫先生的十幾年經驗，我現在不太確定這個想法是不是對的。

　　我的小姑，也就是莫妹，跟他哥一樣滿宅的，不怎麼打扮，通常都是T恤加上長褲或長裙。而莫妹的女兒，莫姪女，則很有自己的時尚主張，有一陣子她迷上暗黑蘿莉塔的裝扮，所以都穿黑色蓬蓬短裙配黑色蕾絲上衣。莫媽則是比較傳統的法國女性，看她年輕時的照片都是穿小洋裝，不過現在年紀大發福了，就都穿褲裝，但她跟莫爸對於衣服的品牌有自己的堅持；每次回法國探親時，莫媽都會帶我去買衣服，還告訴我女人的衣櫃裡一定要有一件萬用的黑色洋裝。

我想像中的法國女性
Les françaises dans mon imagination

現實中莫先生家族
的女性
Les Françaises dans la vraie vie...

　　而莫先生呢，是個完全不重視外表的人，只要穿得舒服、衣褲上沒有印品牌的 logo，他都可以接受。更挑戰我三觀的是，莫先生成年之後幾乎沒有花一毛錢在他的外表上，那時他的衣服褲子都是朋友們送給他的二手衣物。莫先生並不是窮到沒錢買衣服，主要原因是他不喜歡資本主義的消費行為，而我們在法國的當地朋友，只有少部分是很時尚會打扮的人，他們多數都是 T 恤配牛仔褲跟靴子，可能因為他們的職業或生活經驗比較特別，不是一般的上班族這樣，說實話，在那群朋友中最符合我們對法國時尚印象的是一位美國女生。但有一點跟璦琍說的很像，這些法國親友們都不會把自己搭配得五顏六色，衣服上也不怎麼有卡通圖案（小朋友除外）。

　　定居台灣後，莫先生增加了不少體重，所以只好屈服於資本主義的「控制」，讓我幫他買了不少新衣服。但莫先生很不喜歡百貨公司的週年慶或打折的活動，有一次趁百貨週年慶時帶他去買外套，當發現他選中的外套原價跟折扣後的價錢差好幾百塊時，莫先生超生氣的還差點不想買！他生氣的理由是，既然商家可以在特別的時期把商品折扣壓低，那為什麼一開始要把價錢訂得那麼高欺騙消費者呢？

　　雖然莫先生對自身的裝扮沒什麼要求，但他常嘲笑我的品味。由於年紀漸長的關係，我也胖了不少，所以這幾年買了不少日式森林系的洋裝，但莫先生不僅不懂得欣賞這種空靈又小清新的風格，反而還嘲笑我都把布

1. Je vais sortir avec cette nouvelle robe. C'est mignon, hein?
2. Oh! Tu as oublié d'amener quelque chose.
3. Voici ton véhicule.
4. Et n'oublie pas ton chapeau pointu!
5. Je ne suis pas une sorcière!!!!

袋當成衣服來穿！更別說化妝了，跟璦琍的老公一樣，莫先生也看不慣我塗口紅跟化妝，常問我為什麼要在臉上畫奇奇怪怪的顏色。

雖然我不太在乎自己皮膚的顏色，但莫先生不知道從哪裡得知台灣女生很愛美白保養（難道他偷偷認識很多愛美白的女生嗎？），這點就跟歐美國家的人恰恰相反。例如在法國，把皮膚曬成古銅色是富裕的象徵，這代表他們有錢有閒去度假這樣。所以我們華人說的「一白遮三醜」在西方社會是不成立的。

至於外國人認為台灣人時不時髦這方面，我覺得由於每個人的人生長背景、價值觀、年紀不盡相同的緣故，是滿難以概括定論的。在莫先生的眼中，我們台灣人，尤其是台灣女性的時髦時尚基本上都跟隨日本、韓國的流行在走，他對台灣人時不時髦這點不置可否，畢竟他也不常接觸愛打扮的台灣人。而且他的老婆，我，整天在家都穿著寬鬆的洋裝，還戴著大眼鏡、披頭散髮。記得有一次介紹一位我朋友圈公認很美、很時髦，又很會化妝的好友給莫先生認識，事後我問莫先生說我朋友是不是很漂亮，他居然給了我否定的答案！原因是我好友那天畫了全妝，他覺得很奇怪（莫先生才奇怪吧）！

我老妹的工作單位充滿從國外來台求學的大學生，然而她完全無法幫我調查外國人對台灣人到底時髦不時髦的意見！主要原因是，這些外國人本身就很不追求流行，而且完全被台灣的街頭穿著所同化，每天都穿著短褲趿著拖鞋去學校上課！只能說，到頭來還是舒服最重要啊！其實我所認

識的外國人都屬於自然派的，他們交往的女性都屬於不太追求流行或是擁有自己獨特品味的人，這也難怪我常在網路上看到一些網民會嘲笑外國人眼光都很差，因為他們身邊的台灣女性都長得其貌不揚甚至是醜八怪！看到這些評論，身為當事人的我也只能笑笑，告訴自己別理會酸民的閒言閒語。

　　最後要跟各位讀者分享莫先生對台灣「寵物時尚」方面的看法，他覺得我們台灣人流行給毛小孩穿衣服是件奇怪的事。這讓我想到，之前莫爸莫媽每次來台灣時都要我帶他們去夜市或寵物店買小狗穿的衣服。莫爸莫媽覺得這個創意超級棒的，而且寵物圈的時尚也跟人類的時尚相輝映，例如春節時有旗袍裝，聖誕節則有聖誕老公公或雪人的套裝。他們回法國時都把毛小孩的衣物當成伴手禮送給家有寵物的朋友呢。

　　我曾經也盲從時尚潮流，幫我們兩年前過世的貓咪打扮穿衣服，雖然我那時不顧莫先生反對幫貓咪穿衣服，但天不從人願，貓咪本人非常厭惡衣服的束縛，極盡所能地抗議！那時我才深深體會到，其實時尚流行只是表面的東西，當然它能讓你的外表更美妙、可以討好別人，但不見得讓你自己覺得舒適，所以忠於自己的身體感受，像瑷琍的寬鬆衣服或我的森林系洋裝或許是最好的選擇呢。

1. Didi, t'es trop mignon avec cette veste!
2. Arrête de l'embêter. Il n'aime pas être habillé!
3. Oh merde!!! Il m'a pissé dessus!!!
4. Didi, je suis vraiment désolée! Voici ta pâtée préférée~
5. En fait, tu es très mignon sans vêtement!

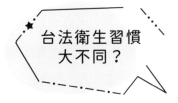

台法衛生習慣
大不同？

台灣人都不用體香膏？

　　你是不是聽說過，法國人沒有每天洗澡所以才噴香水？嗯，我得說，以前在法國，我是真的沒有每天洗澡……開玩笑啦！小時候是有發生過，不過是在冬天的時候，但基本上我媽不可能讓我不洗澡。雖然可以不用每天洗頭，但洗澡是每天都要做的事。

　　是不是早上洗澡的人比較多呢？其實也不一定，要看人。像我媽就早上洗澡，因為要去上班，她一定要乾乾淨淨的（那晚上上床睡覺不需要乾淨嗎？哈哈哈，我也不知道）。我是屬於懶惰的人，對我來說早上洗澡很痛苦，我寧願在床上待久一點，所以我一直以來都是在晚上洗澡，這個習慣在我來台灣之前就已經有了。

　　我記得跟老公討論過洗澡的事，我們都同意台灣這麼熱，空氣有時候

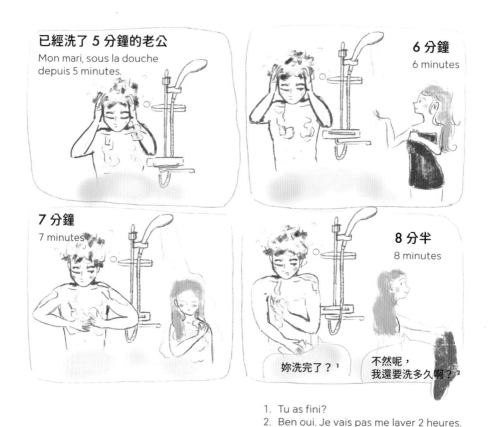

1. Tu as fini?
2. Ben oui. Je vais pas me laver 2 heures.

也不乾淨，晚上不洗澡不行。不過我跟老公不一樣的地方，在於在洗澡上花多少時間：我真的洗得很快速，而他呢，洗得真的很慢。

　　不過他洗澡的時間這麼長，可能就是他的身體都沒有味道的原因。我真的很訝異，他就算流汗也幾乎沒有味道，除了打完籃球的時候，但我不確定那是他本身的味道，還是其他球員留在他衣服上的汗臭味。

　　我每天都必須擦體香膏，他反而從來都不用就能香噴噴的。在法國，

夏天來了，在公共交通上很難控制自己，只能偷偷捏鼻子……
L'été, dans les transports, il est difficile de se contrôler et de ne pas se boucher le nez...

有聽過體香劑嗎？
Tu connais le déodorant?

不擦體香膏的男生跟女生都很少，而在我看來，在台灣很少有人使用體香膏。可能是體質不同的關係嗎？不過在捷運上，我也曾經聞到身旁的中學生散發出濃濃的體味，所以我到現在都不太懂台灣男人為什麼幾乎都不用體香膏。當我跟老公開始交往幾個月後，我送了一瓶香水給他，十年過後，那瓶香水還是滿滿的。也許體味也跟體毛不多有關係呢？我得說，我本來就不太喜歡胸毛多的男人，所以只能說是上天送給了我一個最適合我的男人啦！

我老公很愛乾淨，也可以說他有點潔癖吧。所以懶惰不愛打掃的我，其實可以說很幸福，因為老公常常會自動幫忙整理與打

還好回家，就有不用噴任何東西還是一點臭味都沒有的老公！（永遠讓我吃驚）
Heureusement, en rentrant à la maison, je retrouve mon mari qui sent la rose même sans déo (j'en reste surprise jusqu'à aujourd'hui.)

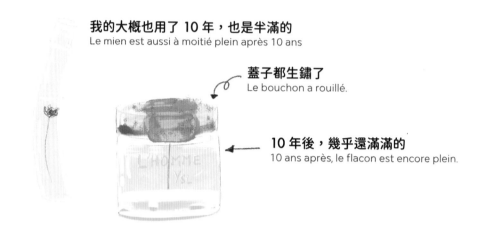

我的大概也用了 10 年，也是半滿的
Le mien est aussi à moitié plein après 10 ans

蓋子都生鏽了
Le bouchon a rouillé.

10 年後，幾乎還滿滿的
10 ans après, le flacon est encore plein.

掃房子（那不是本來就應該的嗎？哈哈），如果沒有他的話，家裡一定會亂七八糟的。我媽每次來台灣，其實都很生我的氣，因為我都不好好地整理打掃家裡。但我只能說：「媽，誰叫妳這麼愛打掃，不會叫我做，或是叫我做的時候，都會在我後面再打掃一次呢？」

至於一般環境衛生來說，如果在街上的話，譬如去夜市好了，可能會覺得台灣夜市很不衛生，因為有蟑螂、老鼠，還有很臭的水溝味道，不過那也只是因為台灣天氣很熱，有一些事很難避免吧。

基本上我覺得台灣人很愛乾淨，尤其很怕把手弄髒，譬如去買個麵包好了，都會用塑膠袋裝（衛生但真的不環保，但這不是這裡討論的重點），手不會直接碰到麵包。再回到我最熟悉的那位台灣男人身上，吃東西的時候，除了需要剝皮的蝦子之外，他的手幾乎都不會碰到食物。換成是我的話，吃水果、吃麵包，都用手直接拿來吃，但他幾乎不會也很不喜歡用手

拿食物。我覺得不只是他這樣，台灣人很習慣吃在包裝裡的食物，避免讓手弄髒，更不用說萬一東西掉在地板上，我常常還是會撿起來吃，換成我老公，他就絕對不可能。

　　天啊！看完這篇，不知大家對我會有什麼印象？其實法國的街道也不一定很乾淨，踩到狗大便其實是常態。但因為法國不是熱帶國家，可能沒那麼容易孳生細菌，所以感覺比較不怕髒啦。

法語時間
Instant français

- **Tu veux prendre une douche?**
  你不先洗澡嗎？

- **Où est la salle de bain?**
  浴室在哪裡？

- **J'ai besoin d'une serviette de toilette.**
  我需要浴巾。

- **Ça sent bon.**　很香！
  Ça ne sent pas bon.　很臭！

- **Ce n'est pas très propre.**
  不太乾淨。

台法衛生習慣
大不同？

每天洗澡之必要

　　真的跟璦珣說的一樣，我以前一直以為法國人愛噴香水是因為他們沒有每天洗澡，但自從跟莫先生結婚後，我才發現有些法國人不只沒有每天洗澡，還不愛香水的味道。不管是悶熱的夏天或濕冷的冬天，莫先生仍然保持他在法國養成的習慣：除非要出門辦事或身體開始散發異味才會洗澡！莫先生說，莫爸莫媽從他小時候就沒讓他每天洗澡——即使是夏天。不只這樣，莫先生還喜歡在白天的時候洗澡，完全是西方人的習慣。我也跟莫先生討論過洗澡的問題，但我們並沒有像璦珣和她老公一樣達成共識。莫先生完全漠視我要他每天洗澡的建議，他的理由是，他每天都待在家裡，夏天時幾乎吹二十四小時的冷氣，他不會弄髒自己，所以他沒必要每天洗澡。

1. Enfin il prend une douche! Je me demande s'il va sortir plus tard.
2. Bébé tu sors plus tard? Sinon pourquoi tu t'es lavé?
3. Si je ne me lave qu' avant de sortir, mon odeur te tuerait.
4. Mon mari est tellement attentionné!!!

　　跟我以前在工作場合認識的西方男生不同，莫先生從來不用體香劑、香水這些產品，他的嗅覺很敏銳（但怎麼聞不到自己沒洗澡的臭味呢？），所以這些香味他都覺得很人工很不好聞，就連我擦個淡香水或抹香香的身體乳液他都會嫌棄。但莫先生的妹妹莫妹就跟大部分的法國人一樣，很喜歡擦香水，有一年她來台灣找我們，度過一個住在我家客廳軟爛完全不出門的假期。但旅程的最後幾天，她為了買香水還自己搜尋地圖找到特定的百貨公司，一個人去買香水，真是不簡單呀！莫爸莫媽則是對臭味很敏感，我不確定是不是所有法國人都這樣，但他們家的廁所都會準備芳香噴霧劑，每次上完大號噴一下，就連他們出國旅行都要隨身攜帶呢。

　　我對男生的體毛多不多這件事不怎麼介意，倒是莫先生這幾年開始蓄

1. Qu'est que tu te mets dessus?
2. C'est la lotion que ta sœur m'a offerte, elle a dit que les touristes adoraient son parfum.
3. Pouah! Ça sent la grande mère!!!

鬍讓我覺得很困擾，連莫媽在視訊看到莫先生現今的模樣都很驚嚇，還感嘆說已經不認得自己的寶貝兒子了。莫先生留的不是那種文青男的帥鬍，而是山羊鬍！不只看了很礙眼，還影響到他戴口罩的密合度，每次戴口罩時莫先生的鬍子都衝出口罩外，感覺病毒都會黏到他鬍子上或是從口罩縫隙跑進去。

另外，我發現許多西方女性的體毛滿茂盛的。幾年前莫妹和她的女兒（莫姪女）來台灣度假時住我家，莫妹就一直叮嚀當時才滿二十歲的女兒要刮除體毛，尤其是腿毛。我那時才知道原來不少西方女性的腿毛長得很奔放，而莫媽則是年紀漸長後長出了鬍子，所以她需要常常刮鬍子，我想那個部位如果用蜜蠟除毛一定會痛得不得了吧。關於如何對付體毛，無論東方或西方女性都是個大問題，當女生真辛苦！

最後關於衛生方面的事，老實說，我超級羨慕璦琍的，因為她老公有潔癖，會自動自發打掃家裡。我跟璦琍一樣不愛打掃，也不會打掃，小時候被老爸老媽照顧得太好，不懂得怎麼掃地、拖地，也不太會洗碗；莫先生則是個很隨興也心胸寬大的人，他不會因為家裡太亂而抱怨，大概一年有兩、三次吧，他還會主動掃地拖地（可能他發現家裡太髒亂了）！

最近莫先生愛上了園藝，在家中陽台種了好幾盆植物，他每天都會幫那些盆栽澆水，還會順便把陽台的地板掃乾淨，甚至拖地……這個會每天打掃的莫先生真是嚇壞我了！其實莫先生跟莫妹也和我一樣，從小就沒被教導要做家事，身為職業婦女的莫媽雇用家政婦（femme de ménage）來分

擔日常家事,這也造成後來莫先生跟莫妹雖然智商高人一等,卻對家務苦手。記得在網路上認識莫先生的第二個月的某一天,莫先生跟我說他那個週末無法跟我網聊到天明,因為他要去莫妹家幫忙大掃除。後來他給我看了打掃莫妹家的影片跟照片,只能說那個場景太驚人了,居然有人比我還更不會打掃!

　　但說實話,不會打理家務也是有好處的。在疫情之前我們每年回法國時都會跟莫妹跟莫姪女住一兩個禮拜,在那段期間都沒人要我洗碗,因為本人不怎麼會洗碗,碗洗不乾淨的風評已經傳遍整個莫氏家族。有時被罪惡感驅使,我還自告奮勇要洗碗,但馬上被莫妹跟莫姪女給攔下來。至於在莫爸莫媽家,因為他們有洗碗機,所以誰洗碗這件事就被跳過了。只不過,莫媽對多年前我把她一件她最愛的 T 恤洗壞的事情還是耿耿於懷。但這又不是我的錯,結婚前完全沒做過家事的我哪知道洗衣服時顏色要分類,更別說依照衣服材質的不同還要有溫度的差別(是說台灣的洗衣機有熱水功能嗎?)。

Renren 啊,難道妳不知道深色的衣服要分開洗嗎?妳看我最愛的白 T 都被染色了啦![1]

有那麼嚴重嗎?這種白 T 很好找,再買一件就是了![2]

1. Renren, ne sais tu pas qu'il faut trier quand tu fais la lessive? Tu as détruit mon t-shirt préféré!
2. Est-ce si grave? Je vais t'en acheter un nouveau.

開車出遊在台灣

台灣是「方便帝國」

一來到台灣，很快發現除了方便還是只有方便，無論是買東西，或是公共交通方面，任何時間想買什麼或吃什麼都行。台灣根本是「方便帝國」。

台灣的便利商店到處都是，連小小孩都能發現呢！便利商店的便利，我們法國人是很難想像的事！二十四小時營業的店家？那是什麼東西啊！有人可以工作二十四個小時嗎？合法嗎？（好啦，我沒那麼傻）你之後叫我怎麼回去法國活呢？寵壞人成這樣不合理啦！你說什麼？不只能買東西嗎？還可以付水電費，甚至繳學費？還能收包裹？拜託！可以讓別的店家有事做嗎？我演得是稍微浮誇了一點，不過一開始真的會讓人讚不絕口！怎麼可以有這麼好的東西，而且，每個角落都有，小小鎮裡也不缺。我們

小孩子的為什麼

Les "pourquoi" des enfants.

媽媽，
我們剛剛
有經過這裡

沒有啊，
妳為什麼這麼說？[1]

一直都有
7-11 啊[2]

為什麼在台灣
到處都有 7-11 啊？[4]

不是啦，
那是另外
一家[3]

媽媽
懶惰的回答

La réponse flemme de maman:

嗯，
可能是台灣人被寵壞了吧……[5]

1. Maman, on est déjà passé là à l'instant.
   Je ne crois pas. Pourquoi tu dis ça?
2. Il y a encore un 7-11.
3. Mais non, c'en est un autre.
4. Mais pourquoi il y a des 7-11 partout
   à Taiwan?
5. Les Taïwanais sont trop gâtés!

在法國有 Bureau de tabac，可以買菸、買郵票、買雜誌等小東西，還常常可以喝咖啡、果汁、酒，但差不多就這樣。這幾年好像有一些多了郵局基本服務，但是晚上七點就打烊，週日或週一也不營業！生活在大城市裡，也許能找到便利一些的店家，但在鄉下，如果有一家店也已經很不錯了。

當我老公跟我說「我們家很麻煩，樓下沒有便利商店，要走三百公尺才有」時，你能想像我的白眼翻到哪裡去嗎？台灣人，你們很懶惰啊（不要打我）！我也跟著變得很會享受這些便利。但其實回法國鄉下的時候，也不會特別想念這些便利，生活會自然回到原本的樣子，接受所有法國的比較不便利，也接受很差的服務態度。如果你去過法國，可能就知道我在說什麼，尤其是在大城市的話會更有感。

上次回法國，我就想起了台灣人的禮貌與認真的服務態度，因為我遇到一個很道地的法國服務態度：時間到了，就該離開。其實時間沒有到，店員也還是會跟你說他有事不能幫你，得先走（然後留著一個不能幫你服務的人顧店），哈哈。我得說，真的是很傻眼。

我再重複一次，台灣人真的被寵壞了啦！

說到交通，從我以前當交換生的中壢中央大學去台北的話，可以坐火車或巴士，從早到晚班次都很多；其實如果想去任何地方，都可以找到算方便的交通工具。有件事大家應該都知道，就是外國人對台灣公共交通的方便一直念念不忘，方便到，台北人覺得如果自家離捷運步行超過五分鐘，就覺得很不方便（至少我的台北人老公就這麼覺得）。

營業時間
9:00 ～ 12:30
15:00 ～ 19:00
Horaires
d'ouverture

你這個時間來真是很為難我呢，我要出去買東西……

Vous venez à cette heure, ça m'ennuie beaucoup…. Je dois sortir faire une course….

　　反而我每次回法國就覺得麻煩，因為我住鄉下，從一個市區到另一個市區可能連火車都沒有，需要靠搭陌生人的便車。

　　在法國，除了大城市（印象中，巴黎的年輕人都很晚才去考駕照，畢竟跟台北人一樣，都有方便的公共交通工具可以用），只要十八歲到了，沒有一個法國小孩不會去考駕照。雖然貴又要花時間，但為了自由，大部分的人上大學後都有駕照，也可能有自己的車。我的第一台車是手排二手車，也是我在法國唯一擁有的車子，這樣我就可以去找朋友，去隔壁城市上大學。不過在我來台灣幾年後，我爸就把它賣掉了。

　　我大三到台灣之後就很少坐私人轎車，直到我跟老公在一起一、兩年，他買了一輛二手車，結果幾個禮拜後就在高速公路拋錨，我才知道為什麼台灣買二手車的人不多。之後他買了新車，我們也開始比較常在台灣各地四處逛逛。

　　其實在台灣，有了車子的麻煩就是要找停車位，這也是我現在很不喜歡開車的原因。如果我不知道目的地有沒有好停的地方，我就不敢開車過去，而且一直以來我就是很不會停車的人，路邊停車我會很緊張，就算現在的車子有很多自動配備幫助你停好車，我還是很不會，哈哈。

　　其實我也很喜歡騎摩托車的自由。十六歲的時候，我在法國就有了一台125cc的摩托車，所以在台灣一點也不怕騎不用換檔的摩托車。可是不怕騎是一回事，我很怕被其他車撞啊！

　　我曾經被右邊的畫面嚇到，覺得很危險（也許不只是在台灣，但在法國一定不會發生），但後來連我自己也犯了這個錯，只能說，因為方便，也因為沒有人會取締……。

　　台灣的交通規則，不管是開車或騎機車，常讓我很疑惑，甚至生氣。所以可以的話我都讓老公開車，但我還是很難不張開嘴巴批評幾句。反正，只要跟老公一起開車上路，吵架的機會就來了。因為我在法國的經驗，和在台灣看到這些狀況，會讓我不斷批評，所以很容易讓老公不耐煩。不過他載我愈來愈有經驗，也比我更懂這裡的交通規則，所以，算了，我閉嘴，繼續爽坐在副駕滑手機。

　　我們都知道台灣人非常客氣、熱情，可是只要一坐在方向盤後面，就完全變成另外一個人，很恐怖！哈哈，好啦，我們法國人也是，應該說全世界的人都一樣吧。

　　有了小孩之後，我們更常開車出去玩，雖然帶小孩出門比待在家裡還要累，我還是常常吵著老公載我們去山上或海邊，也常常吵著希望他載我們去東部——雖然知道他開車很辛苦，但我好享受看窗外的風景。開車的好處就是想停就停。我記得來

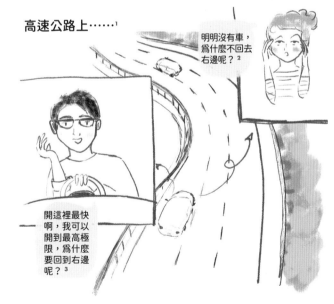

高速公路上……[1]

明明沒有車，為什麼不回去右邊呢？[2]

開這裡最快啊，我可以開到最高極限，為什麼要回到右邊呢？[3]

1. Sur l'autoroute
2. Il n'y a personne à droite, pourquoi tu ne te ranges pas?
3. Je suis à la limite de vitesse, pourquoi je devrais me ranger?

台灣的第一年坐火車去台東，沿途很想停下來逛一些地方，但都覺得麻煩
而作罷。自己開車就不同，就是自由，尤其是有小孩同行的時候。

　　如果可以的話，我很想擁有一台小廂型車，可以在裡面睡覺。我常跟
孩子說，我小時候外公有一台露營車，每年暑假都會帶著全家去海邊或山
上、去很多不一樣的地方，我很愛那台露營車！女兒聽了很羨慕，不知道
未來有沒有機會說服老公擁有一台這樣的車，全家就可以好好環島四處旅
行。台灣的風景美到不行，雖然我在這裡待很久了，也只看了小小一部分
而已。希望可以跟我愛的人一起多欣賞台灣的美。

　　其實我曾經跟一個愛過
的人在我覺得是台灣最美的
地方騎摩托車，就是花東海
岸，那是我這輩子最美的回
憶之一。摩托車給的自由，
是台灣才能體會到的感覺。

　　不過那個人⋯⋯不是我
老公啦，哈哈。

法 語 時 間
Instant français

- **Conduire une voiture**　開車
- **Prendre le train / le bus / l'avion**
  坐火車／公車／飛機
- **Les transports en commun**
  公共交通
- **Partir en voyage**　去旅行
- **Visiter**　觀光
- **Respecter les règles**　守規則
- **Doubler**　超車
- **Faire le tour de l'île en scooter**
  環島

開車出遊在台灣

七十四歲考駕照的
法國阿嬤

　　我不會騎機車，更不會開車，所以很羨慕像璦琍這樣能自由自在開車到處跑的人。大學的時候我曾經去報名駕訓班，在學車的過程中卻在練車場發生兩次車禍，把教練車撞壞，還賠了上萬塊，當然也沒考上駕照。

　　剛認識莫先生時，我們一起去蘭嶼租摩托車環島旅行，從來沒機會接觸機車的我趁機請莫先生在無人的小山丘教我騎車，但由於我手腳不協調，加上容易緊張的個性，不只翻車，還差點把莫先生撞到山下。從那次之後，莫先生就叫我打消騎機車或開車的念頭。幸好我們住在交通方便的台北，日常生活中完全不需要自駕。而在國內旅遊時，我們都是搭乘大眾運輸，只有莫爸莫媽來台灣待比較久時，才需要租車到處旅行而已。總而言之，莫先生覺得生活在小而美又便利的台灣並沒有買車的必要性。

1. Je voudrais réapprendre à conduire pour obtenir un permis.
2. Surtout pas!!!! C'est très dangereux!
3. Ah! Ne t'inquiète pas pour moi.
4. Je ne m'inquiète pas pour toi mais plutôt pour les autres.

　　說到便利這一點，我身邊的一些外國朋友都跟莫先生一樣因為台灣的方便跟安全性想要一輩子待在這裡。跟法國不同，我們便利商店跟超市的密度不只極高，而且大部分都二十四小時營業、全年無休，無論多晚需要來罐啤酒或泡麵都能出門去買，也不怕路上有壞人。相反地，在法國時莫先生他們都避免深夜時外出，因為犯罪率比較高，太危險了。我記得有一次跟莫先生去巴黎找朋友，我一邊走路一邊拿出手機要看簡訊時馬上就被他制止，「財不露白」是身在法國時保護自身安全的方法；但我覺得搶手機這件事真是超乎我的想像，在人手一機的時代，到底有誰會搶手機拿去銷贓啦！

　　前陣子，莫先生不幸摔斷手，所以不得不接受手術及住院治療好幾天。

經過這次經驗，他對台灣的醫療服務產生了好印象。莫先生表示，跟法國比起來，台灣的醫生跟護理師都比較有耐心；或許他是外國人的關係，我發現照顧他的醫療人員對待他更為親切，還會請他教幾句簡單的法文。基本上，台灣的各種服務都比法國好很多！比較特別的像是警察的態度，台灣警察把報案的民眾當成需要幫助的人，溫柔又體貼；而法國警察，根據我個人的經驗，則是板著一張臉，兇巴巴，誰管你是不是受害者呀！不過呢，有時候我覺得台灣的服務禮儀太過頭，例如說在餐廳、菜市場或賣場，為數不少的服務生、銷售人員都會依據顧客的外表年齡來稱呼他們，舉凡「美咩」、「底滴」、「大哥」、「大姐」、「姊姊」、「阿姨」等等，我個人對這些叫法都覺得非常火大！已經是中年婦女的我越來越常碰到被叫「姊姊」或「大姐」的場合，或許對於服務從業人員而言，這是禮貌的表現，但許多被這樣稱呼的人並不這麼想呢！反觀法國的服務業就沒這種多餘的稱謂，男性顧客他們統稱「先生」（monsieur），女性則視婚姻狀態稱呼她們「小姐」（mademoiselle）或「夫人」（madame）。不知道我這樣的抱怨是不是瑷玥所謂「被寵壞」的台灣人，哈哈！

　　莫先生的家人都來過台灣至少兩次以上，他們家人的旅遊方式分成兩派：一派是每日行程都詳細規畫、還做成 excel 檔的莫爸莫媽；另一派是隨心所欲，完全不做行前功課的莫先生、莫妹、莫姪女。可能由於旅遊習性完全不合的關係，他們一家四口從未一起來台灣找莫先生玩。莫爸莫媽來台灣總是會住離我家不遠的 Airbnb，因為他們住不習慣我家，而且即使出門在外，他們還是想自己煮法式食物來吃。莫妹跟莫姪女則是選擇住我家客廳的沙發床，把我家當成峇里島度假村。相對地，跟莫爸莫媽一起旅行就比較正常。我們的旅遊方式除了利用租車、火車跟高鐵外，如果有一日來回的行程，我會使用一日計程車的旅遊服務，台灣在觀光這方面真的很便利。莫先生算是孝順的孩子，如果是跟莫爸莫媽去台北以外的地方玩，他一定會讓我訂豪華的飯店，花錢請他爸媽享受當貴賓的感覺。美中不足的是，之前文章也提過，莫爸莫媽兩位老人家對台灣的本地食物不怎麼能接受，所以他們來台灣旅行也是以西式食物為主，居然連鼎泰豐都吃不習慣、不喜歡呢。不過他們的共同點都是非常享受台灣的方便跟優質服務！莫妹莫姪女對於走出家門就有超商、手搖飲店跟鹽酥雞攤的環境很是喜歡，雖然她們不會中文，但都能如魚得水地獨自去買想要的生活用品跟食物。莫爸莫媽在台灣過得更是舒適，他們的媳婦（我）對他們的需求或抱怨總是有求必應，真是百分百的服務呀（咦）！

　　莫爸莫媽住在法國南部郊區，平常路上車流不多，他們夫妻倆雖然年紀大，但是開車很快也很猛！有一年我老爸自告奮勇在他們來台灣時當司

機兼導遊，載他們去台北郊區到處晃晃，莫爸莫媽很感謝老爸的熱情招待，但是莫爸卻覺得我爸開車很「危險」，讓他害怕。這還是我第一次聽人如此評論，因為我老爸開車從來沒發生過車禍。後來我問了莫爸是什麼樣的「危險」，他說由於我老爸開車太慢，還會瞻前顧後，坐在副駕的莫爸看了心驚膽跳。我想可能是他們在法國習慣開快車，沒體驗過車流擁擠跟紅綠燈那麼多的台灣街道吧！

　　我老爸這幾年體力大不如前，所以把車賣了改搭大眾交通工具。莫先生的家族恰恰相反，愈老愈要開車。莫先生住鄉下的阿嬤在七十四歲時才拿到了人生中的第一張駕照。根據莫先生轉述，莫阿嬤厭倦了上醫院、買菜購物、進城都要靠家人或鄰居開車接送，她想要獨立自主不求人才決定學開車。我覺得莫阿嬤好厲害，這麼大的年紀還願意學新東西，並且如願以償能開車趴趴走。我已經把莫阿嬤當成我人生的典範，無論多老我都希望能再學會開車好考上駕照，其實我好想跟大多數人一樣，能夠在想散心時就開車上山下海，獨立自主不再靠別人當我的司機。

法 語 時 間
Instant français

- **Bonjour** 早安、日安

- **Bonsoir** 晚安

- **Salut** 你好呀

- **Bonne nuit** 我要睡了

- **Enchanté** 幸會

- **Bienvenue** 歡迎光臨

- **Au revoir** 再見

- **A bientôt** 回頭見

- **Je voudrais un cafe**
  我要一杯咖啡

- **Je voudrais une bière**
  我要一杯啤酒

- **Je voudrais un bifteck**
  我要來一塊牛排

- **Sur place** 內用

- **Emporter** 外帶

- **Combien ça coûte?**
  這個多少錢

- **Je vais payer en liquide**
  我付現

- **Je vais payer par carte**
  我刷卡

- **C'est trop serré**
  這件太緊了

我家不同的飲食習慣

對食物有所堅持的法國老公

　　跟許多台灣人一樣，冬天到來時，老爸老媽跟老妹最喜歡吃羊肉爐，當時還住家裡的我就變成家中的邊緣人，只能自己弄吃的，因為我從小就受不了羊肉、羊奶的腥味。跟莫先生在一起之後，才漸漸發現原來法國人也超愛羊肉、羊乳製品這一味！拿法國最有名的乳酪來說，許多法國人超愛羊奶做的乳酪，尤其是南法人。上次回莫爸莫媽家，當我們要離開南法去巴黎的那天，莫媽準備了豐盛的羊排給我們當午餐，不敢吃羊肉的我用眼神向莫先生求救，沒想到莫先生是個孝順的孩子，用中文勸我一定要吞下去。對我而言，真是可怕的經驗！

　　另外一種我不敢碰的食物是道法國經典料理，它叫做韃靼牛肉（steak tartare，聽說韓國也有類似的吃法），對我而言它就是還沒下鍋的生牛肉

漢堡，只不過多了酸豆、檸檬汁、芥末醬等等一些調味而已。每次跟莫先
生回法國，我們去餐廳時他常常點這道菜；通常一起去外面吃飯時，我一
定會要求莫先生給我吃一口他點的菜，但是愛吃鬼的我對韃靼牛肉完全沒
有欲望。面對不同的飲食習慣，我個人克服的方式很簡單──不是逃避它，
就是勉強吞下去。畢竟我不是長住法國，跟長住台灣的璦琍比起來，我這
方面的問題不是很大。但我比較好奇璦琍的老公跟她一起回法國時，有沒
有什麼不能接受的食物呢？

韃靼牛肉
Steak tartare

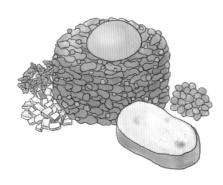

Steak tartare 是很久以前我從豆豆先生
（Mr.Bean）影集中認識的一道法國菜。
劇情是有天豆豆先生為了替自己慶生，
來到一間法國餐廳。他點了一道最便宜
的主菜，就是韃靼牛肉。後來因為豆豆
先生覺得韃靼牛肉太可怕，而發展出一
串好笑的事件！
本來以為我這輩子都不會吃到這道料
理，但人生就是這麼奇妙，多年後遇到
愛吃韃靼牛肉的莫先生，但我始終覺得
豆豆先生的反應才是正確答案。

Je connais ce plat français grâce à la série "Mr. Bean". Un jour Mr. Bean s'est rendu
dans un resto français pour fêter son propre anniversaire.Il a commandé le plat
principal le moins cher: le steak tartare. Malheureusement, Mr. Bean trouvait le steak
tartare horrible, alors une série d'incident s'est déclenchée. Au début, je ne pensais
pas que je mangerais jamais ce plat dans ma vie. Mais la vie est drôle, quelques
années plus tard j'ai rencontré M. Mo qui est trop fan du steak tartare. De toute
façon, je pense toujours que la réaction de Mr. Bean est appropriée.

　　莫先生對於食物的態度永遠是「我不在乎吃的東西」！但諷刺的是，居住台灣多年的他卻有非常多的食物地雷，法國菜永遠是他心目中的第一名！身為太太的我為了遷就丈夫的口味，間接成了受害者——因為這樣一來，有許多我愛吃的食材不能煮、有一些喜歡的餐廳不能一起去。

　　例如台灣人最愛的涮涮鍋或麻辣鍋，莫先生並沒有很喜歡，他還覺得我連夏天都想要吃鍋很有問題！由於莫先生的批評指教，不少平凡的台式家常菜在我家餐桌都淪落為曇花一現的命運。例如：番茄炒蛋，他的理由是炒過的牛番茄很奇怪、炒蛋變成濕濕的很難吃；清炒小黃瓜，他的理由是小黃瓜是用來做沙拉的，不能炒；蛤蠣絲瓜，他的理由是受不了貝類的

1. Chéri, je voudrais prendre des oreilles et du foie de porc, si tu oses les manger.
2. Alors, oses-tu également manger du diaphragme de porc? Je voudrais commander ce plat aussi... Pourquoi tu fais la tête?
3. Il est très insultant de demander à un Français ce qu'il ose manger ou pas.
4. Hé.... Est-ce si grave???!!!

味道；芹菜炒魷魚，他的理由是從小就不吃芹菜，更受不了魷魚、花枝那種海鮮的口感……還有許多族繁不及備載的家常菜，我就不再寫下去了。

由於莫先生太挑，也不想克服這些挑食的毛病（因為他不在乎吃的！），所以我家餐桌最常見的是他習以為常的西式料理。另外莫先生在台灣最愛的外食餐廳理所當然是法式餐廳，再來就是美式餐館跟日本壽司店還有印度料理。二〇二一年五月防疫三級警戒開始後，我們完全沒去餐廳吃飯，那段期間我訂了很多印度料理真空包，沒想到莫先生可以每天吃印度料理長達一個星期，真懷疑他上輩子是印度人呢。

我家廚房的儲物櫃有不少來自法國或西方國家的食品，像是鷹嘴豆罐頭（可以方便快速做成鷹嘴豆泥）、小扁豆（lentille）罐頭（莫先生最喜歡把這味當主食）、北非小米、橄欖油漬鯖魚罐頭（我個人不敢吃，覺得好腥），還有第戎（Dijon）生產的芥末醬跟法國美乃滋。對了，莫先生完全不接受我們習以為常的那種美乃滋，連日本進口的他也不要，對他來說台灣跟日本的美乃滋都太甜了，他吃不下去。法國人的美乃滋不加糖，原料只有蛋黃、植物油、法式芥末醬、鹽和檸檬汁。莫妹來台灣住我們家時，還因為到處找不到道地的法國美乃滋而動手自己做呢！我覺得法國人真的很做自己，不會勉強自己去吃不習慣跟不喜歡的東西，有時候我很羨慕莫先生這樣的個性，不知道璦琍是不是也一樣做自己呢？總而言之，法國人的莫先生在台灣對食物方面並沒有需要克服的障礙，因為他太太我本人都幫他處理好了，莫先生實在太幸運了。

Houmous fait maison 莫先生的鷹嘴豆泥

材料

鷹嘴豆罐頭　檸檬　大蒜　鹽　橄欖油　中東芝麻醬　開水
×1　　半顆　2瓣　適量　3匙　　2匙　　半杯

Tahin跟台灣芝麻醬
不一樣喔‼

做法

1. 去除鷹嘴豆的薄膜，丟進果汁機或食物調理機。

2. 再丟入蒜辦、芝麻醬、檸檬汁跟橄欖油。

3. 最後加入鹽和開水，莫先生小提醒：水要淹過鷹嘴豆一些些！

4. 啟動開關，把所有食材攪成泥狀～這樣就完成了！

Houmous 源自中東，它在法國很常見，每個超市都買得到～既可當主食也可當下酒菜。

你可以把houmous抹在麵包或Pita(口袋餅)上。吃之前灑上紅椒粉更別具風味！

我家不同的
飲食習慣

一半台灣胃
一半法國胃

　　我來台灣十七年了，已經習慣吃台灣料理，不像以前那麼挑食，除了內臟之外大部分都能吃。台灣人會覺得我們這些老外都把「臭豆腐」這個食物掛在嘴邊，說台灣食物都很恐怖，我只能說不意外。一開始我也不敢碰臭豆腐，後來卻瘋狂愛上臭豆腐，只要有機會，我跟老公也都會想要買臭豆腐回家吃。也許你會問，那現在還有什麼問題嗎？因為小孩啊！他們超討厭臭豆腐的味道，有一次還崩潰到哭，每次買回家，他們都要我們去陽台吃。我希望他們以後可以習慣這個美好的味道，哈哈。

　　說到最明顯的飲食變化——應該是受我老公的影響——就是我現在可以接受吃辣，而且還超愛麻辣火鍋。但喜歡麻辣火鍋的辣，跟平常老公喜歡在任何菜上加辣是兩回事，他真的什麼都愛加辣，也常覺得我煮的台式

料理口味不夠重……。其實，是因為我習慣不加鹽巴，所以煮的菜口味都很淡，再說孩子也不吃辣，我就更不會加辣了。可是只要在外面吃飯，我都會很開心地陪老公吃辣吃到流下眼淚。我老公很不會哭，唯一可以看到他掉眼淚的時候，就是吃辣吃到受不了的時候。

　　如果問我，現在我在家比較會煮台灣菜還是法國菜，我會說一半一半吧。我家的冰箱裡有馬鈴薯、奶油、鮮奶油、櫛瓜、洋菇等我從小習慣吃的菜，但是也有高麗菜、豆腐、麵線、香菇、咖哩塊，如果有剩隔夜飯，

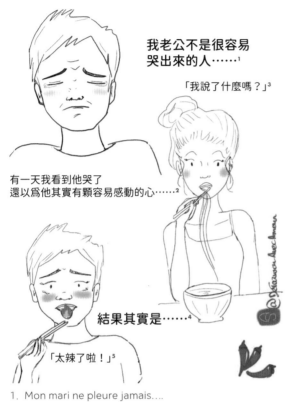

我老公不是很容易
哭出來的人……1

「我說了什麼嗎？」3

有一天我看到他哭了
還以為他其實有顆容易感動的心……2

結果其實是……4

「太辣了啦！」5

1. Mon mari ne pleure jamais….
2. Un jour je le vois verser une larme et je me demande alors si finalement il n'a pas un cœur…
3. "J'ai dit quelque chose?"
4. Mais en fait….
5. "C'est trop pimenté!"

我一定會用來炒飯，而且越來越合老公的胃。

最近我從法國回來，住在防疫旅館隔離，我跟小孩很開心地吃便當配湯，也很開心老公會幫我們送鍋貼、火鍋等愛吃的菜過來。不過回到家後我煮的第一個晚餐，就是我們家的家常菜：馬鈴薯泥、煎櫛瓜、牛排。我跟孩子的胃真的是一半台灣胃、一半法國胃啊！

在法國，我們常常吃馬鈴薯，不管是水煮、焗烤、煎炸或搗成泥，當你不知道吃什麼的時候，把馬鈴薯拿出來就對了。至於在台灣，相當於馬鈴薯的食物應該是米吧。說到米，我有一些故事。

我對米沒有任何意見，在法國我們也會吃米，只是煮法不一樣，品種也不一樣，我們最常煮泰國米，還有，在煮之前不會洗米。後來我跟老公搬進我們買的第一間房子，我開始自己煮飯。煮了幾次之後老公問我：「妳

有洗米嗎？」

「蛤？沒有啊！米要洗喔？」

老公的臉都綠了，我就這樣學會了洗米，哈哈。

說起來，因為我爸每次跟我們視訊都是他在吃飯的時候，我的女兒就發現阿公會把奶油加在飯上，所以每當我在煮飯的時候，女兒會問我說：「可以把奶油加在米上面嗎？」嗯，我覺得台灣米加奶油，怪怪的。

1. Vous voulez manger quoi samedi?
2. Je veux du tofu fermenté que tu prépares.
3. Moi une soupe d'os de porc ou une soupe de poulet.
4. Je veux des crevettes.
5. Des légumes locaux et aussi du calamar.

　　總之，出現在我們家餐桌上的菜其實很多元，這樣也好。還有，我常跟別人說我之所以不好好學會煮台菜的原因之一，就是為了每次回婆婆家，大家都可以很開心地享受她煮的台式料理啊！孩子們開心，婆婆也很開心，這樣婆媳關係才維持得好！

　　其實，被問習不習慣台灣菜的時候，我基本上可以說沒有太大的問題，雖然還是喜歡煮自己的家鄉菜，但也喜歡煮台灣菜或其他亞洲菜。我不覺得自己挑食，不過還是有一些小東西是我不想吃的啦。以下的圖就是一些我真的不愛的料理或菜，你看得出來是什麼嗎？

法 語 時 間
Instant français

- manger pimenté　吃辣

- Il faut laver le riz　你得洗米

- la purée　馬鈴薯泥

- des courgettes à la poêle　煎節瓜

- un steak　牛排

- Manger local　吃當地料理

- cuisiner local　煮當地料理

- Adapter son palais　調整自己的胃

- Faire plaisir à tout le monde
讓每個人都開心

- Vous reconnaissez ces aliments /
ces plats?　你認識這些食物／菜餚嗎？

PART 3

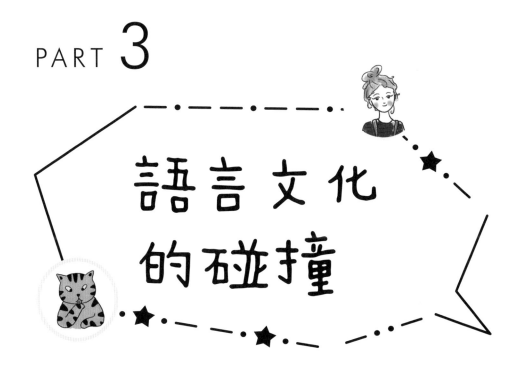

語言文化
的碰撞

法國人都愛抱怨、吵不過他們？
台灣人太迷信？習俗都好難懂？
到底是法文比較難，還是中文比較難學？
遇到語言、文化跟自己相差十萬八千里的老公，
且看 Renren 跟璦琍跟老公如何彼此溝通，
建立幸福長久的跨文化家庭生活！

台法家庭的
信仰大不同

愛拜拜的基督徒

　　我小時候受了洗，算是跟家人一樣成了基督徒。不過，在我人生中還是很少接觸到神。偶爾會上教堂，偶爾也在晚上睡前唸幾句感謝耶穌的話，也曾經要求神幫我度過難關。但後來幾乎沒有在做這些事，我認為自己是一個沒有什麼信仰的人。

　　到了台灣朋友的家，一樓的客廳通常都會放他們家的祖先牌位，感覺對台灣人來說，信仰是很重要的，在每個人的人生裡頭占了一大塊。我們基督徒的家裡頂多擺一個十字架、幾張畫像，就這樣而已。

　　不過我後來了解到，台灣人這樣不只

是為了神明，也是為了祖先而安排的。

這也讓我開了眼界，了解台灣社會對長輩的重視。

不管走到哪都會看到廟，也忍不住想進去走走。我覺得一般的土地公廟是讓人很快樂的地方，紅色、黃色、藍綠色、金色，都能給我好心情。還有香的味道、魚池的存在，跟我知道的又美又嚴肅的教堂一點都不一樣。到台北時，我很愛去逛龍山詩，那是台灣最令我印象深刻的廟之一，也是一個很熱鬧的地方。我法國家鄉附近有一座佛教的大廟，但真的跟台灣的大部分的廟很不一樣！來台灣後，我真的開了眼界！來台灣之後，到處都看得到顏色鮮豔的廟宇或神桌。

自從跟我老公在一起後，我更了解拜拜這件事。老公家拜拜的時候，媽媽會準備年菜給祖先，然後他在祖先面前點香，我在旁邊看，都覺得他跟他哥哥在進行一些很神祕的儀式。小孩子也都很好奇，棉花糖的眼睛會一直盯著看，耳朵也一直在聽。

除了節日或是當觀光客的時候之外，我們很少進廟裡拜拜，但也常常聽到長輩聊到拜拜的經驗。所以在二〇二〇下半年，家裡發生了很多不是很順的事情時，我就不斷地提醒自己：「該去拜拜了！」

媽媽！
這裡有廟，
可以去拜拜！¹

妳去哪裡？
等等！²

對嘛，拜拜不就是為了要解決問題嗎？這些話，小女兒可沒把它當作耳邊風喔！某一天我帶她去上舞蹈課的時候，我們經過一間小小的廟，棉花糖馬上衝了過去。

過了幾個禮拜後，我們全家到了一間朋友推薦的廟拜拜，拜好拜滿！後來事情是不是有比較順利呢？只能說，我現在就在實現一個夢想啊——正在寫一本書呢。所以下次帶貴貴的水果去拜拜吧，聽說水果拜完還可以帶回家，真好。不過有人跟我說，有一些廟比較陰，最好不要亂拜（為什麼啦？），到現在還是有很多我不太了解的事。

不會吧……³

不是這樣嗎？⁴

其實我也不知道，
我們還是找爸爸一起來吧。⁵

1. "Maman, il y a un temple là"
2. "Tu vas où? Attends!"
3. "C'est pas vrai."

4. "C'est pas comme ça?"
5. "En fait je ne sais pas. Il vaut mieux aller chercher papa."

法 語 時 間
Instant français

- Baptisée　受洗

- Chrétiens　基督徒

- Temples aux couleurs vive
色彩鮮豔的廟

- Un temple boudhiste
一座佛教寺廟

- Être croyant　成爲信徒

- Être pratiquant　習慣去教會

- Dans les temples à Taïwan, on
allume de l'encens, en France dans
les églises, on allume des cierges.
在台灣的廟裡 我們習慣點香，在法國的教堂
裡 我們習慣點蠟燭。

台法家庭的信仰
大不同

法國人也有小迷信

　　我爸媽家有神明桌，每天三炷香拜神明，逢年過節或已經做仙的阿公阿嬤生日忌日時老爸都準備大餐祭拜他們，不過我們家人很少去廟裡走動。三十歲之前，我從沒去過廟裡求神拜拜。璦琍說她們全家曾去一間很厲害的廟拜拜，後來她就實現了想出書的願望！其實我也有類似的經驗：有一陣子受不了自己單身太久，所以跟一位熟捻拜神的女生朋友去迪化街的月老廟祈求，之後我獨自連續去拜了好幾次，沒多久就認識莫先生了。我自認不是個迷信的人，但我覺得有些事情好像冥冥中有巧妙的安排呢。

　　莫先生來自一個天主教家庭，他國中的時候被莫爸莫媽送去天主教的寄宿學校讀書，可能學生時期受到太嚴苛的宗教式管理，莫先生長大後就變成完全不信神鬼之說的鐵齒（宅）男了。對於台灣的拜拜文化或特殊的

如何對法國人解說台灣拜拜小物

Ce qu'on trouve dans un temple taoïste taïwanais

BILLET FUNÉRAIRE
｜逼 椰 敷瘀捏嘿喝｜
紙錢

ENCENS
｜翁聳｜
香

TEMPLE
｜痛頗｜
廟

OFFRANDE
｜歐瘋的｜
供品

BLOCS DE DIVINATION
｜補漏殼的 D.V. 那熊｜
筊杯

DIVINITÉ
｜D.V. 逆鐵｜
神明

農曆七月傳統，他都覺得這是迷信的象徵（台灣的讀者們不要生氣），這一切都是因為莫先生非常講求科學根據與理性的辯證。像是鬼月的禁忌或我幾次被好兄弟嚇到的鬼故事，他都覺得是無稽之談。

　　至於中元節普渡大拜拜或神明遊行，莫先生則當成是台灣的旅遊亮點介紹給他的法國朋友們，而我們台灣人有需要時會去廟裡求神的習慣，他則視為一種利益交換的行為，他的說法是大部分的人不會每天去廟裡跟神明談話當好朋友或請神明幫忙，只會在有需要時去廟裡拜拜跟捐獻香油錢這樣。

　　莫爸莫媽第一次來台灣時，我帶他們去參觀龍山寺，那時候他們剛好

1. Chérie, où vas-tu?
2. Je vais prier aux Dieux pour m'aider à trouver du boulot, je n'ai pas de client depuis un moment.
3. Tu peux me prier moi au lieu de tes Dieux.
4. Ne te dis pas ça! C'est sacrilège!!!
5. Bah... c'est que tes Dieux ne t'aideront jamais, mais moi, je peux te donner un coup de main.

看到香客們把放在神明桌祭拜的食物打包帶走，莫媽非常吃驚，還問我那些人是不是沒東西吃所以去偷供品！我跟她解釋說去拜拜的人有權利把祭拜的供品帶走，但莫媽卻不相信我（法國人太多疑了吧）！

其實不只莫先生，我個人也覺得台灣的一些日常禁忌很妙，除了不能把筷子直直插進飯碗裡以外，我還記得以前幫家人切煮好的豬肉，那時一時藝術心大發，把豬肉切成三角形就被家中長輩罵了，根據老一輩的說法：祭拜死人的豬肉才會被切成三角形，所以給活人吃的豬肉不能切成這樣的形狀。這到底是哪來的典故呀？

更誇張的是，我高中時買了白色的髮帶繫在頭上，也被長輩罵了一頓！原因是把白色的飾品戴在頭上代表家中死了人。這些被長輩訓斥的壞經驗讓我對某些台灣禁忌產生了不好的印象，可能因為這樣我才下意識地想找個沒這麼多禁忌跟迷信文化背景的外國人結婚（幸好我嫁對人了）。

不過，法國也是有些無傷大雅的小迷信跟禁忌的，例如第一次去法國找莫爸莫媽時，愛喝酒的我把紅酒瓶裡的最後一滴酒都倒光了，當下莫媽超開心的表示我們很快就會有小孩！那時我才知道，跟法國人喝酒時，一定要留下一點酒在酒瓶裡，因為喝完最後一滴酒的人會馬上生小孩。但事實證明這個說法是個迷信，因為我們結婚超過十年了都沒生小孩呀！另外，把麵包倒過來放桌上或在室內打開雨傘（這跟台灣的禁忌一樣）都會帶來厄運。在送禮方面，婆婆曾跟我說他們不會送尖銳的禮物給別人，例如刀子、針等物品，法國人相信送這些東西後會跟接受禮物的人漸行漸遠，跟

我們送鞋或手帕給別人的概念一樣。

　　莫爸莫媽對台灣的廟宇藝術特別有興趣，每次到台灣來都要我安排參觀廟宇的行程。由於我個人並沒有特別研究廟宇文化，所以當好奇的莫爸莫媽問一些關於廟宇裝飾或神像的問題時，我只好充當翻譯去詢問那邊的志工或工作人員。多虧莫爸莫媽，我也增加了一些相關知識。

　　有一年莫爸莫媽又來台灣，我們到南部旅行也順便參觀了某間大廟，我跟他們一一解釋每尊神明的管理部門後，莫媽跟我說她想拜王母娘娘，想為他們的婚姻祈禱。說實話，我那時一方面超級感動，一方面也很好奇

莫先生家的法國小迷信
Une petite superstition française

如果你的手心癢，
表示你會有一筆收入！
Quand ça démange à l'intérieur de la main, tu vas toucher de l'argent!

如果你的手背養，表示你會虧錢！
Quand ça démange à l'extérieur de la main, tu vas en perdre!

莫爸莫媽會有什麼婚姻問題需要拜神？莫媽虔誠地拜完了之後還擲了她人生的第一個筊，也得到了一個很可愛的粉紅色平安符。

　　對大部分的外國人而言，台灣的民間信仰是很特別又很珍貴的世界文化遺產，幾年前還有個台灣的紙紮屋工作室被法國羅浮宮邀請去展覽而大獲好評。莫媽看過那個展覽後，馬上寫 e-mail 給我們說下次來台灣一定要親自去參觀台灣的紙紮屋。這讓我想起莫媽第一次來台灣時看到路邊有人在燒紙錢，要我去買紙錢讓她帶回法國的小趣事。

1. Ce lotus en papier est si joli! Il faut que tu m'apprennes à le faire, je voudrais le montrer à mes copines de retour en France.
2. Ahhh… Pas tous les taïwanais ne savent comment faire ce genre d'origami.
3. Comment faire un lotus en papier.

法國人真的
比較難搞嗎？

我是為抱怨而抱怨的

　　法文的抱怨是 râler，發音聽起來像「哈雷」。有人說，抱怨是法國人擅長的本領。我先不反對這種說法，雖然我不覺得自己很會抱怨，因為我記得小時候，每次跟我媽在一塊，聽她跟誰抱怨或爭取什麼東西時，我會很不好意思、想躲起來。其實現在每次回法國，一樣會被我媽嚇死，偶爾也會被我媽弄到感覺很丟臉。但這幾年來我發現，她其實是遺傳我外公，果然抱怨的態度是遺傳來的啊～（大笑）

　　但話說回來，我記得大概是我十四歲的時候，我爸送我跟我的好朋友同一款 T 恤，上面寫「je suis râleuse par principe」，簡單說，意思是：我是為了抱怨而抱怨的。我不懂為什麼我爸要送我這個？叛逆期的我有這麼會抱怨嗎？

「我不想去那裡，很煩捏！」

「我好累，為什麼要爬山？」

「我不想吃義大利麵了啦。很煩捏！」

好啦，感覺我老爸很可憐。

如果問我老公我是不是常常抱怨，他肯定會說「有」。我最常用的中文口頭禪應該是「很煩捏」。

「台灣的起司很貴，很煩捏！」

「外面很熱，很煩捏！」

「為什麼百貨公司冷氣開這麼冷，如果不被冷死算我運氣好。很煩捏！」

對，我動不動都在抱怨、都在煩、都在哈雷！最近我們社區問題很多，像是頂樓護欄需要換、遊戲室需要修、停車場鐵門壞了也要修……說了快一年了，卻什麼都沒動。我跟老公抱怨，他回我：「那妳來當總幹事好了，看來妳很有想法嘛！」我只能低頭碎碎念：「沒有啦，我怎麼做得來……。」遇到這種狀況，我也只會出一張嘴。

有天跟老公一起去找朋友，我們討論一個最近很紅的日本動畫，我說：「我拒絕看那個！」原因如下：

1. Sérieusement! Ce n'est pas la peine de me dire que parce qu'elle est un démon, il faut lui mettre ce truc dans la bouche! C'est juste pour faire taire les femmes!
2. Féministe ?

　　雖然這個原因讓人很傻眼，可是其實很多日本漫畫裡面的女生形象也都很類似吧。

　　回家的路上，老公跟我說：「所以跟妳說一件事，妳就一定要反對是吧？」嗯，反對所有事情看來真的是法國人的本領。可是我不管，那個我絕對不看！

　　還有台灣的交通也常常讓我抱怨，只要一上路，我的嘴巴就開始動了。

　　「哎唷！你根本沒在看！這裡是十字路口，都不看左右有沒有人。」

　　「你到底會不會開車啊？」

「在法國不是這樣開的啦！」

在台灣開車之後，我從一個很有禮貌的人變成一個只會罵髒話的人！我常常抱怨別人不會開車，其實我老公也一樣啦！是不是台灣人一旦坐到了方向盤前面，每個人都摘下了禮貌的面具？其實我的抱怨，應該跟法國人比較自以為是的個性還有教育有關。我們從小被訓練要獨立思考跟勇於討論，高中十七歲的時候，我跟同學已經像大人一樣上街頭抗議政府了！所以忍不住發表自己的意見，如果跟別人意見不同那更好，那好像真的是我的本領吧。

可是我只有剛來台灣的前幾年比較會抱怨，在台灣待越久，好像抱怨的事愈來愈少，反而是現在回法國會被我媽唸，說我一直在說台灣怎麼樣怎麼樣、台灣比較好之類的。看來會抱怨的事，就是跟平常不一樣、很不習慣的一些事，或者不如預期的東西之類的吧。

最近看了一篇文章說，其實每個人幾乎每天都會抱怨個十五到三十次，從還沒起床就開始抱怨（用想的）。所以抱怨到底是法國人擅長的本領，還是人類擅長的本領呢？

你今天抱怨了嗎？

1. Papa, pourquoi tu achètes ça? Moi je veux manger ça!
2. Papa! Pourquoi tu répares pas mon jouet?
3. Pourquoi tu rentres si tard?
4. Maintenant, c'est sur lui qu'on se plaint le plus…En triple stereo!

法語時間
Instant français

- **Râler**　抱怨

- **Se plaindre**　抱怨的好方式！

- **C'est agaçant**　很煩

- **C'est chiant**　很煩

- **Ça saoule**　很煩

- **Ça me prend la tête**　讓我很煩

- **J'en ai marre**　我受夠了

- **J'en ai par dessus la tête**　我受夠了

- **Ça va pas du tout**　真的不行

- **Ça suffit quoi**　夠了吧

- **Il faut arrêter maintenant**　真的夠了

法國人真的
比較難搞嗎？

抱怨有助身心健康！

　　璦琍很風趣地把抱怨、發牢騷的法文 râler 音譯為「哈雷」，我覺得超生動的！原因是一般人都認為愛抱怨的人很機車，而哈雷又是機車界的國王！自從學了法文之後，我才知道法國人以抱怨聞名。有可能是因為處女座的我生來就悲觀愛抱怨，所以面對法國人愛抱怨的個性不太有感覺。

　　我在個臉書、IG 粉專每天都會找一句法語小格言配上自己畫的小圖，常常都看到有關法國人（尤其是法國女性）愛抱怨的金句，例如：

Une femme qui râle est une femme de bonne santé

（抱怨的女人擁有強健的體魄）

或是：

Je suis râleur mais mais j'ai toujours raison

（我是愛發牢騷的人，但我永遠理直氣壯）

在法國甚至還有醫學研究說抱怨有助身心健康呢！

不只愛抱怨，法國人也好爭辯，以至於給人一種愛講反話的印象，我覺得瑷琍說得很對，這跟他們從小的教育和自以為是的個性有關。法國人從小就要接受哲學教育，在莫先生那個年代，小學跟國中上國語（法語）課時就會從中學到一些哲學的道理，到了高中則要研讀三年的哲學課；之後若要繼續升大學或高等學校，就一定要通過法國一年一次的高中哲學會考。

正在學法文的我每年到了法國考季就會看一下他們又考了什麼艱深的哲學題目。文理跟經濟組的考生們要從三到四個題目中選出一個回答，這些題目不只要求考生敘述哲學家的經典理論，更有讓人想破頭的申論題。歸功於法國的基礎教育，跟台灣人比起來，法國人通常比較有獨立思考的能力，而且他們也比較會表達自己，這才讓人有法國人喜歡爭辯的刻板印象。我個人也因為法國人這樣的個性而吃了一些悶虧，由於用寫的會讓我太悲憤（事情有那麼嚴重嗎？），所以只好用畫的。

不過在跟莫先生相處的日常生活中，很少聽到他抱怨（真不像法國人！），反倒是我比較愛無病呻吟，無論是天氣太熱或太冷、鄰居太吵、身體不舒服、肚子餓或吃太飽、客戶太難搞等等……我都能戲劇化地抱怨一番，因此常常弄到莫先生失去耐性說我很煩，還叫我要忍耐，要不然就去面對問題。

這是好幾年前莫妹來台灣度假，住在我家客廳好幾個禮拜時發生的事……

　　跟莫先生比起來，璦珋的台灣老公包容她的抱怨，實在好溫柔喔！我想，愛抱怨應該是女人的通病，跟國籍可能沒什麼關係。根據個人的生活經驗，我覺得法國人不太讚美別人，像莫先生很少誇獎我煮的飯好吃；去法國時，用法文跟親友們或在公眾場所跟不認識的法國人互動時，從來沒有人稱讚我的法文說得還不錯，彷彿全世界的人會講法文是天經地義的事；反觀在台灣的外國人，只要他們會說幾句中文就被誇上天！此外，從法文語法還能得知法國人滿消極的，他們很喜歡用負面用詞表示肯定的意思。例如天氣很好或某個食物好吃，他們會說「天氣不差」或「不難吃」；討論意見時，他們會說「我不反對」來表示他們同意。

1. Pourquoi tu mets du rouge à lèvres? Tu vas voir un jeune homme?
2. Qu'est-ce que tu racontes? Je vais simplement chez mes parents.
3. Le sais-tu? D'après les recherches des historiens, des lèvres avec du rouge à lèvres nous rappellent les organes génitaux féminins, donc le rouge à lèvres représente le désir instinctif de reproduction... (1000 mots omis ci-dessous)
4. Pourquoi tu rends ma vie si compliquée? C'est seulement un rouge à lèvres.
5. Ce n'est pas si grave bébé, ne t'en fais pas.

　　相對於法國人自負與直接的個性，台灣人的不直接讓莫先生覺得我們
有點虛假。其實我們這樣做是體貼別人的表現啦！他更認為不直接表達自
己的意見或感受是浪費時間的一件事，我認為這點他說的不無道理。而且
莫先生發現台灣人特別怕丟臉，最常見的例子是他認識的很多台灣人（包
括我在內）都不愛請朋友到家裡，因為家裡很亂不好意思。我是個特別愛
面子的人，直到幾年前我連言行舉止都很在乎別人的眼光，莫先生看不下
去我這扭扭捏捏的個性，常跟我說大可不必這樣，因為全世界並不以我為
中心，我沒自己想像中的那麼重要。現在想想不得不說莫先生的這番話非
常正確，人們通常會膨脹自我，以自我為中心。

JE NE RÂLE PAS JE M'EXPRIME!
我不是在抱怨，我是表達自己！

　　另一個台灣人——尤其是女性——的特質：愛撒嬌，讓來自女性主義大國的莫先生大開眼界。不只莫先生，我有些在國外長大的台灣朋友也覺得撒嬌是台灣的獨特產物！跟莫先生在一起沒多久，他就從我身上學會了台灣女生最常用的撒嬌用語：「你很煩耶！」，而且我發現身邊有台灣女友或太太的外國男性也很常講「你好煩！」、「很煩耶！」之類的中文。查了中文辭典，撒嬌的定義是「仗著對方的寵愛而恣意做出嬌態」，而且這個詞從清朝曹雪芹的紅樓夢裡就存在了。現在網路上甚至還有所謂的戀愛專家教導女性如何撒嬌好贏得男生的喜愛，但我不確定法國男生對撒嬌買不買單就是了，因為超理智的莫先生完全不吃撒嬌這一套啦！

法國人都有點
政治狂熱？

法國人的革命基因

　　「台灣人都是政治狂嗎？」這是莫先生住台灣好幾年後問我的問題。莫先生住在台灣期間，經歷了三次總統大選，還有好幾次的地方首長跟民意代表選舉，經由熱衷台灣投票制度的我，莫先生見證了台灣人對政治（或是投票？）的熱情！

　　其實莫先生是個對政治非常冷感的人，他在法國時從來沒有投過票，即使身在異鄉，他也不想使用網路或是不在籍投票執行他們五年一次的法國總統選舉。莫先生常說他不信任從政者，他覺得所有政治人物都是大說謊家，只會騙人，所以他不想投票。他唯一想投的對象是一九八〇年代的法國知名喜劇演員兼電影導演柯呂許（Coluche），一九八一年柯呂許在個人脫口秀時宣布說他想要參選總統。

誰是 Coluche

Coluche（1944 ～ 1986）

Coluche 最大的個人特色就是一頭捲髮加上大圓眼鏡，身穿黃色 T 恤和藍色吊帶褲（簡直是小小兵的真人版）。他最先以喜劇脫口秀嶄露頭角，後來也演出並執導了好幾部電影。我最喜歡的是他演的喜劇 L'aile ou la cuisse（美食家）。

除了想選總統，Coluche 也是位慈善家。1985 年他創立了 Les Restos du cœur（愛心餐廳），提供免費食物給弱勢族群。直到現在，他的善舉都幫助了許多有需要的人。1986 年，Coluche 騎重機時不幸發生死亡車禍，享年 41 歲。

「因為過去三十年來法國都被高智商的菁英治理，該是時候換個笨蛋來做做看了！」他的這番宣言被政客們視為笑話，沒想到後來柯呂許的民調越來越高，包括密特朗總統在內的主流參選人們感覺備受威脅，還想盡辦法勸退柯呂許！仔細算一算，一九八一年的莫先生根本未成年沒投票權，就算柯呂許順利成為總統候選人，莫先生還是不能投票啊！

幾年前，我一個人去參加了某個黑死腔重金屬樂團主唱的立委選舉造勢活動，之後我把在現場拿到的候選人帥照海報貼在冰箱上，莫先生看了很不爽，隔天他就把海報拿掉了。不知道他是吃醋，還是單純討厭政治的宣傳。莫先生對政治的冷漠也讓我無法在每次選舉後跟他同喜或同悲，幸好我還有同溫層的家人跟朋友一起討論或互相取暖。

另一個讓莫先生耳目一新的事情是，在台灣，無論是不是選舉期間，台灣的電視台每天都在播政論節目！不過住在台灣這麼久，他也漸漸了解

1. Maman: Êtes vous toujours en sécurité à Taïwan? Souhaitez-vous vous installer en France?
2. M. Mo: Pourquoi tu as dit ça tout d'un coup?
3. Maman: Tous les jours, les médias français parlent de la menace chinoise envers Taïwan. Tu ne redoutes pas une invasion chinoise?
4. M. Mo: (rouler les yeux…..)
5. M. Mo: Maman, c'est pas grand chose. Nous y sommes tous habitués. D'ailleurs, l'armée taïwanaise est très forte.

台灣的政治環境跟其他同樣的民主國家有很大的不同，畢竟其他國家的空域不會常常有鄰國的軍機飛來示威，而且莫先生也跟大部分的台灣人一樣習以為常了。還記得當初我們結婚時，莫先生要求我婚後五年一定要取得法國國籍，以防有一天我們被鄰國併吞時還可以逃難去法國。我覺得許多外國人都把台灣想得太危險了！莫先生也對我們的歷史與政治情況有一番研究，前陣子他還在網路上發表了將近兩小時台灣演進史的影片，提供給對台灣有興趣的法國人觀看。

人口將近台灣三倍的法國有好幾百個政黨，但主要的大黨只有四個，

法國人比台灣人更熱衷於參與政治和抗爭活動；雖然我沒讀什麼書，但至少我知道一七八九年法國大革命的由來。法國人擁有代代相傳的革命基因，政府如果做了什麼不合理或他們認為不合理的決策都要大力抗爭一番。二〇一八年的黃背心運動就是不滿法國政府漲油價而造成中產階級不滿所引起的全民抗爭與罷工，這個抗爭直到二〇二〇年春天 COVID-19 大爆發才暫停。

由於要抑制疫情，二〇二一年時，法國政府要求民眾到各種公共場合、餐廳酒吧等地都需要出示已經打過疫苗的健康護照，這又讓很多法國人不開心了，因為並不是每個人都想打或能夠打疫苗。所以每個週末，法國的每個城市都有為數不少的反健康護照或反疫苗的示威者，每次都有六到八萬人參加呢。此外，我有為數不少的法國朋友由於個人因素沒打疫苗而導致被其他法國人排擠的窘境，只能說在這方面台灣比法國更有包容性。

跟法國人的抗議方式相較，台灣最有名的太陽花學運簡直是一場和平的抗爭。我印象中的法國人在抗議時，動不動就會燒車子跟砸商店，警察用催淚彈鎮壓則是很平常的事。

二〇一九年夏天是我跟莫先生在疫情爆發前最後一次一起去法國，那時黃背心運動已經滿嚴重了，我們在巴黎看到好多被砸壞的銀行跟商店櫥窗。有個週末下午我們要跟朋友們去路邊小酒館聚會，酒館老闆還事先警告我們，他得到消息說等一下會有黃背心大軍遊行到這裡，所以他可能很快就會關店。看著路旁一整排被燒壞的機車，我竟然還有點期待能親眼目睹黃背心

的抗議呢！可惜天不從人願，那批人在前一個街口就被警方制伏了。

不過也因為這樣，我跟莫先生也見到了好多年不見的家族朋友。同一年的十二月，我跟好朋友一起去巴黎過聖誕，也變成黃背心運動的間接受害者，那又是另一個故事了……。

1. Chéri, à table!
2. Je fais une grève de la faim. Je suis contre ta cuisine car ça me fait grossir.
3. Je m'occupe de la bouffe désormais, ne cuisine pas pour moi!
4. Laisse-tomber! Je vais finir les restes. Tu prendras du poids en mangeant tous ces chips.
5. Ça sent si bon~ Il faut que je résiste.

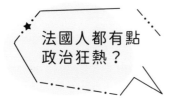

法國人都有點
政治狂熱？

抗議是法國人的
全民運動

在法國長大的人從很小開始，人生就會蒙上政治的陰影。

「明天學校不上課喔，老師在罷工！」這種事每年都會上演幾次。

也許你會問說：「父母怎麼辦？孩子誰照顧呢？」

「我們都會自己想辦法。」

高中時，我也會參與罷工，或為了某個議題上街頭抗議。我記得高中時有次總統選舉，某位極右派的總統候選人有許多人支持，大家都很怕他選上，連高中生都上街去抗議這位政治人物，當時不但學校容許我們上街，連父母也不反對。儘管高中生都沒有投票權，但事關我們的未來，如果我們反對的話，一定要讓大人知道，為我們做出最好的決定。抗議政治議題可說是法國人的國家運動。

　　我念大二時，有三個月的時間學生都在罷課，無法到學校上學。因為那時候沒有線上上課的方式，而且罷工的目的就是讓人不方便，所以整整三個月，法國的大學生都在混……。不知道那年的成績怎麼打出來的，但因為政府打算改變很多教育措施，很多學生反對，所以把學校的大門擋住不讓人進去上課，然後每個禮拜都有一群學生上街遊行。

　　大三的時候我就來到台灣，記得某個週日到台北，碰到一場小遊行，當時我心想：「這是在抗議什麼？這麼和諧會有人注意到嗎？」雖然法國在週末也會有大型的遊行活動，但平日的罷工才是最重要的，因為只要造成大家不便、有民眾抱怨，才會引起政府注意。幾年後，最讓我感到震撼的一次，就是太陽花學運，那時候我還親自跑到現場，內心其實有一點感動。

　　我在台灣沒有投票權，只能當觀眾，將我的政治傾向投射在老公身上，跟他討論，甚至想影響他的想法。我老公對政治不是很熱衷，有一次總統選舉時，他還考慮不去投票，我很生氣，跟他說，有些人想投票還沒這個權利呢，以前還有人為了投票甚至失去生命，投票這麼簡單的一件事，你給我趕快去做啦！更何況以前女人連投票的權利都沒有，現在法國、台灣的女人都可以投票了，但我在台灣沒有投票權，那請你幫我投一票好了。如果有一天，這個權利沒了，想後悔都來不及。後來他有去投票，投給誰我不該問，基本上他也不應該透露，但是至少要去做，一定要表達自己的意見。

　　後來舉辦公投的時候，他老毛病又犯了。我從公投的前幾個禮拜就開始想跟他討論公投的議題，但到公投前一天他還是搞不清楚。公投當天，我跟孩子早就準備好，拉著他出去投票！其實，我也想讓孩子從小就對投票產生一些興趣，因為這些都關係到他們的未來。

　　你知道嗎？現在在台灣的法國人也可以參與法國大部分的選舉投票囉，像最近一次法國總統選舉，我就在台北投票，沒有放棄這個權利。不過我現在對台灣的政治比較有興趣，因為台灣的狀況很特別，讓我更想參與討論。可是只能當觀眾的我真的很無奈，所以只能繼續煩我老公，一直找他討論，聽他淡定地解釋他的想法，淡定地打槍我的想法。偶爾，如果我的說法夠有說服力，他工程師的腦袋會接受我的看法，不過我們倆對政治的看法確實是有一點落差，但基本上沒有差到會影響婚姻，哈哈。

　　其實我跟 Renren 的老公也有同樣的想法：政治人物基本上都是騙子，都是腐敗、來拿錢的。但我也覺得我們有責任要找出最有誠意、最有可能會努力做事的人，這也是投票權之所以要珍惜的原因。

　　Renren 的老公提到柯呂許（Coluche）這個人物，其實我也常聽我爸提起他，也說他會支持他，因為這位男士沒有在考慮自己的利益，完全是為了需要的人去著想。這樣的人在很多人心目中，代表著一種理想。很可惜，現在的我們無緣看到他的表現。

法語時間
Instant français

- **Le français de la politique**
  政治法語

- **le sport national**　國家運動

- **Une manifestation**　遊行

- **Une élection**　選舉

- **voter**　投票

- **Le droit de vote**　投票權

- **Un parti politique**　政治黨

- **Descendre dans la rue**　上街遊行

法文跟中文
哪個比較難？

法國人喜歡糾正
別人的法文？

　　莫先生來台灣定居的原因除了跟心愛的人（我）長相廝守外，另一個主要的原因就是想學中文。來台灣的最初兩年，莫先生將工作完全停擺專心當全職學生，一個禮拜有五天去華語學校上課。初來乍到的他因為學中文而認識了一些來自各國的新朋友，他們不只私下會用中文交流，甚至還會互相切磋麻將技巧，這讓他的異鄉生活不至於太寂寞。雖然莫先生的中文不是很溜（畢竟只學了兩年），至少他跟我老爸老媽的基本溝通、去便利商店買東西、餐廳點餐、看牙醫、搭計程車、跟鄰居打招呼……等等都不成問題。透過莫先生，我才發現台灣人很善良，因為只要他一開口說話，大家就會稱讚他的中文超級好（其實並沒有！）。

　　我們剛結婚沒多久，莫先生就鼓勵我去學法語，轉眼間我已經當了十

莫先生當時學中文的回家作業

文法課 小故事

我四月到台南去旅行幾天。台南很有意思，城市西部有舊的地方，有很多顏色的房子。但是大部分的人說白語。還有一個奇怪的事，我走路的時候，幾次有老人對我走過來，握我的手，說幾句話，好像高興的不得了。我覺得他們在那邊不常看見外國人，還有他們不怕跟西方人說話。可是，我一句話都聽沒懂。

年的法文課學生。在認識莫先生前，法文對我而言是個完全陌生的語言，我也沒去過法國，更對法國文化沒興趣。剛開始我學法文的最大動力就只是希望能跟莫先生那些英文不太好的親戚朋友互動，而莫先生則是希望我說一口好法文以便通過考試取得法國國籍。學了這麼多年的法文，愈來愈覺得法文是個有趣又深奧的語言，不過我沒什麼語言天分，再加上懶惰的關係，我的破法文常常讓莫先生覺得我浪費學費，「把錢丟到窗戶外面」（這是一個法國成語：jeter l'argent par les fenêtres）。

　　跟英文比起來，我個人覺得法文是個難以克服的大魔王，我學法文的時間到現在已經跟學生時代學英文的資歷一樣久了，但我的法文還是說

的不如英文流暢。而法文跟中文比起來，根據中文不是很好的莫先生表示：中文比法文簡單太多了。對莫先生而言，中文只難在四聲的聲調而已，而且中文沒什麼文法，也沒有動詞變化，跟法文的艱深文法還有根據人稱跟時態的種種動詞變形相較之下，中文簡直是小菜一碟，而學寫中文字對美術系出生的他更是如魚得水（那他中文怎麼還是沒很好哩？）。不知道同為法國人的璦珝，是不是有一樣的感想呢？

在學習法文的這幾年，我去了法國不少次，也如願拿到法國護照。從與法國人接觸的經驗中，我發現法國人非常以法語為榮，他們很喜歡糾正別人犯的法文發音跟文法錯誤，而且絕對不會稱讚外國人法文說得好，這點跟台灣恰恰相反，我想有可能是因為法國有太多移民的緣故。我為了取得法國護照去法國在台協會

面試時，被面試官糾正了一些關於冠詞方面的錯誤（法文的冠詞有好多種，還有分陰性陽性好難背），當時有種在上法文課的幻覺呢！至於回婆家時，莫爸莫媽是沒在客氣糾正我的法文的，他們有一次還提議讓我一個人跟他們住法國一陣子好讓他們訓練我的法文能力……這個媳婦單獨跟公婆相處的想法實在太嚇人，所以我想也沒想就拒絕他們了。至於莫先生糾正我的爛法文簡直是家常便飯，還會給我意見，例如：講法文要快，不要多想、講法文前要想一想文法的運用，不要一下子說出來……所以，到底是要想還是不要想呀？

我們在家說法文的比例比說中文多一些，可能因為這樣莫先生的中文

1. Dis donc, la plupart de mes camarades de cours français sont vaccinés! Ça veut dire que je pourra bientôt aller à l'école.
2. Mon Dieu! Pourquoi tu n'as pas corrigé mon français cette fois-ci? Tu penses que mon français s'améliore?
3. C'est pas ça, c'est juste que des fois ça me fatique de corriger ton français.

才沒什麼進步；而且我們認識初期常使用的英文現在幾乎完全用不著了，除了跟不會中文或法文的共同朋友相處會用到之外。至於台語我不指望莫先生有一天會講，他曾經在有台灣人同事的公司工作一陣子，所以學了一些「基礎」台語，例如：呷霸美（吃飽沒）、你空空（這句莫先生記得超清楚，因為法文的笨蛋con也唸成「空」）、呷賽（吃屎）、嘸問題、丟辣（對啦）。他用到台語的機會微乎其微，只有每年除夕回我老爸老媽家時，為了取悅兩位老人家時才用得到。說實話，對我而言，法文說得像不像土生土長的法國人並不重要，同樣地我也不會要求莫先生說一口完美的中文，因為語言只是一個讓人們互相了解的溝通媒介而已。

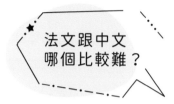

法文跟中文
哪個比較難？

學「語言」，
不是學「舌吻」

　　自從小孩出生以後，我們家就成了三聲道家庭。我跟老公在結婚生子前，只用英文跟中文這兩個語言溝通。回想認識的時候是我在台灣的第三年，已有基本的中文程度。記得第一次跟老公見面的時候，我很有自信跟他說我會講中文，不用跟我說英語。

　　後來我們還是常講英文，因為老公對英文的興趣很強，可惜對法語的興趣在學了十個小時後就消失了。在法語這個語言裡，我老公不會變老，他永遠三十歲……。

　　他被法文的文法跟發音打敗，雖然在生了孩子後有說會跟著小孩一起學，但到現在姊姊已經快六歲了，爸爸的法文一點也沒進步。好啦，應該是我太嚴格，他還是有多少學到一些簡單的句子與單字，有時候喜歡問女

他會講的幾句法語有：
「我是工程師、我三十歲。」

兒：「什麼什麼的法文怎麼說？」然後再重複說一次。

　　是不是根本的問題是在老師身上呢？我好像太沒耐心教他（我不是沒有試過，是真的撐不久）。最接近你的人其實很難當你的老師，很容易不耐煩，不像我教學生的時候這麼有耐心。當我知道 Renren 在台灣有想好好學習法文的決心，真的很佩服！

　　話說，我跟陌生人聊天的時候，對方很容易誤會以為是我老公教我中

跟另一半學語言理想嗎？

C'est le rêve de pouvoir apprendre une langue avec son partenaire?

跟另一半學語言，只能學到髒話……

1. Regarde, Anna a fait une vidéo avec son mari:
   "Parler en taïwanais pendant 24h".
2. Tu veux pas essayer de me parler en taïwanais?
3. gros mot…
4. Laisse tomber

文。拜託，我老公只教過我髒話啦！而且不是中文，是台語的！

所以，你知道為什麼我還學不會台語了吧。

當有人問我怎麼中文講這麼好的時候，我會先學台灣人的謙虛說：「沒有啦，還好而已。」然後我會解釋來台灣就是因為想學中文，所以在台灣待了十七年後，有這樣的程度也是應該的（不然真的是太混啦，哈哈）。

當孩子的中文超越你的時候

Quand le Chinois de ton enfant devient meilleur que le tien....

Ohlala…Je ne connais pas ce mot.
Le Chinois de ma fille est meilleure que le mien!

台灣人對會說一點中文的新住民真的很客氣、很有耐心，我同意 Renren 說的這一點。

不過在我以為自己的中文很不錯的時候，就發現馬上被五歲的兒童超越了，真的有一點掃興。以後要陪小孩看國文的時候，可能國小二年級以後就開始會有點看不懂了。我想，到時候應該只能陪讀英文了吧。

至於老公是不是跟我的家人很難溝通這件事，嗯，怎麼說，老公不在乎到法國的時候少講話，他可以靠我翻譯。其實我家人很努力地跟他說英語，他們也很會比手畫腳，同一句話多重複幾次，我老公也記住了一些，像是「Tu as bien dormi?」（你睡飽了嗎？）他現在都能回答了。在有環境跟被逼的情況之下，他能多學一點，我相信如果定居法國，他一定會為了生存學會法語。環境很重要嗎？是的！我無法想像在台灣生活很多年，卻無法跟本地人好好溝通的狀況。

當初開始學中文的時候，我覺得比較難的部分是寫跟聲調，現在幾乎只用打字不用手寫，所以手寫的困難已經不存在了，但第二點是我永遠無法解決的問題。現在我跟老公溝通時，還是會因為聲調的問題造成烏龍，老公也會故意裝做聽不懂……。

最後我想說的是，我父母當初讓我來台灣是為了學習中文，而我爸一直提醒我不是來學習「舌吻」的。咦？什麼意思？原來法文的「語言」和「舌頭」是同一個字「langue」。你現在懂了嗎？

來學「語言」不是來學「舌吻」，有畫面了嗎？我爸是一個很愛說幽

默話的人，你能想像他跟我老公聊天的時候，想靠我翻譯的時候我有多麼痛苦嗎？幽默很難翻譯，哈哈！

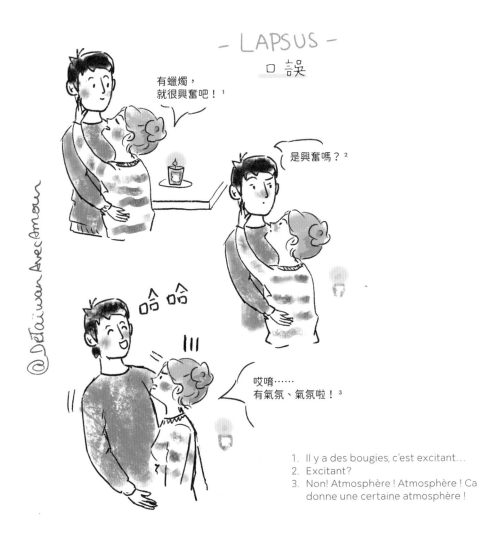

1. Il y a des bougies, c'est excitant…
2. Excitant?
3. Non! Atmosphère ! Atmosphère ! Ca donne une certaine atmosphère !

法語時間
Instant français

- **l'humour est difficile à traduire**
  幽默很難翻譯

- **Apprendre une langue**
  學一種語言

- **être bilingue**
  雙語

- **Je ne parle pas bien français**
  我不太會講法文

- **J'apprends le français**
  我在學法語

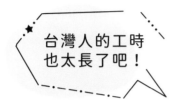

台灣人的工時
也太長了吧！

在法國，放假超重要！

在我看來，台灣人只會工作，不會放鬆。什麼，你說不是這樣嗎？拜託，你們就是工作狂嘛！

早上班、晚下班，沒事做還是一樣不下班。每天加班、加班、加班，也不一定有加班費！這太誇張了啦！感覺就像把公司當作自己家了。

其實我會這樣說，不是只說說而已，是真的有親身經驗喔！我在台灣的第一份工作，就是這麼誇張喔，有一次我還睡在公司呢！但要說睡，其實也沒睡到啊，根本整晚都在工作，然後隔天早上照常上班，然後累得半死。這樣做有效率嗎？根本沒有，現在想想，當時加班做的那些事，後來也根本沒派上用場，真是的。

當時也不只我這樣，常常看到我的主管也很晚才離開公司，為老闆做

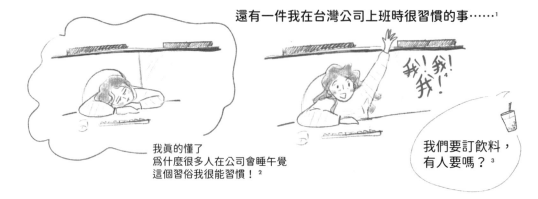

還有一件我在台灣公司上班時很習慣的事……[1]

我真的懂了
為什麼很多人在公司會睡午覺
這個習俗我很能習慣！[2]

我！我！
我！[4]

我們要訂飲料，
有人要嗎？[3]

1. Je comprends pourquoi beaucoup de Taïwanais font une sieste au bureau, et je m'y habitue très bien!
2. Il y a une autre chose à laquelle je prends goût…
3. On commande des boissons, qui en veut?
4. Moi! Moi! Moi!

牛做馬，幾乎一直在加班。

　　雖然在法國也不是不會加班，但是自己的生活也很重要，一定要抓好平衡。

　　雖然我非常感謝當時的老闆給我機會，但最後，我還是無法繼續在台灣公司工作，更何況當時在電影界常常需要週末加班，真的太不適合我了。這是因為我太懶嗎？也許是這樣吧……。

　　我知道會這樣其實不一定是因為台灣人都是工作狂，是社會給的壓力。這裡的工作文化就是這樣，我相信如果你老闆不是這樣，你也不會一直想坐在辦公室。

　　我老公是工程師，我聽他說他第一份工作也常常很早上班、很晚下班，

真的很拚。後來離開的原因之一，就是希望可以有比較有平衡的生活。咦？你是不是有法國人的靈魂？

後來他找到美商公司的工作，也的確比較有自己的時間，但有沒有跟法國人一樣，多出那麼多私人時間嗎？應該還是沒有。

大家應該也知道，如果你跟法國人一起工作的話，每年七、八月根本不用想找到人家。因為全法國都在放假啊！對法國人來說，夏天至少放兩個禮拜的假，是非常必要的。

我們法國人長大的過程中，假期這件事非常重要。在法國的學校，學生們每一個半月都放假兩個禮拜，然後暑假也放兩個月。

在台灣，要放那麼長的假真的不簡單。一方面，台灣人沒那麼多假可以放，另一方面，就算公司給你足夠的假，你也不能一次放這麼多時間。不然你回來的時候，應該已經被別人取代了吧，哈哈！

在一個生育率這麼低的國家，是不是該想辦法讓人們有多一點時間休息、多一點時間成立一個家、多一點時間陪小孩呢？（然後還要不扣薪水，畢竟生小孩也需要錢，哈哈。）

然後，如果你跟我一樣是台灣的自由工作者，大概也不會想放假。畢竟，放了假就沒有收入（在法國也是，不要誤會），所以寧願不放假。不過，法國的很多自由工作者還是會安排每年幾次放假、出遊，一定要留一點休息的時間。今年暑假，我幾乎每一個法語學生都事先講好停課，我也覺得沒關係，這樣我有時間多陪小孩，其他時間賺的錢也可以存起來一部分，

沒有工作的時候就可以拿出來用。

　　我在台灣生活一陣子後，有聽說這麼一句話：「我就是沒有那麼多美國時間。」我想說不好意思，應該用「法國」代替「美國」吧！不過，在很多台灣人的眼中，國外其實就是美國啦，呵呵（不要生氣啦，這是事實，不然在路上遇到我們的小孩子，也不會一直把我們都當作美國人好嗎？）。

　　最後，法國人在退休後也會開始享受生活，不是一直等待孫子、孫女來報到，他們習慣繼續培養自己的興趣。工作了這麼多年，是不是應該好好享受自己的錢、自己的時間？法國的退休金也許對這也很有幫助啦，也當然不是每個家庭都能這樣。但是，基本上法國人都會保持愛放假的靈魂，去看看世界各地、去跑活動。就像我爸媽動不動就出門，都不待在家裡，要找也找不到人，反而像我婆婆就比較習慣待在家裡，真的不太一樣呢。

對嘛，
我就是有這麼多的
「法國」時間啊！

Ben oui,
j'ai vraiment le temps.

台灣人的工時
也太長了吧！

過勞，是因為壓力太大

　　跟瑷珼以往在台灣公司辛苦加班的經驗相比，我覺得我算幸運。我的工作經驗不怎麼豐富，大學畢業後的第一份工作只維持了一天，然後覺得那間貿易公司的印度老闆跟老闆娘實在嚴厲得可怕（好啦我是草莓族！），隔天我就蹺班跟他們永遠說掰掰了（各位年輕人千萬不要學）。後來我當過短暫幾年的兒童美語教師，最後就找到一個歐洲公司當了很多年 OL，直到跟莫先生結婚為止。我從來沒在台灣的公司單位上過班，所以不曾體會過加班到深夜的滋味。

　　以前在外商工作時，我們的德國老闆每天只要六點一到就會準時下班，同時也要求我們早點關電腦回家。跟瑷珼說的一樣，歐洲人每年七、八月一定會放至少兩個禮拜的暑假，所以那時我們的老闆也會回德國，再加上

歐洲同事們都去度假了，留守在台灣辦公室的同事們簡直每天都像在開同樂會。而我每年也會趁這時用完我十四天的年假出國去自助旅行，現在想想，過去上班的日子還蠻愉快的。

　　學法文的時候，老師常對我們耳提面命說若有重要的代辦事項千萬別在暑假的七、八月去申請，因為那時法國人都去度假了，沒人會理你！而莫爸莫媽也常提醒我們別在暑假回法國，一方面是他們在暑假期間都會去旅行（奇怪耶！他們都退休了，怎麼還那麼在乎暑假啦！），另一方面，是因為暑假期間法國到處充滿了觀光客。總而言之，如果你想去法國感受在地風情，千萬別挑暑假的時候去！

由於莫先生的本業是電腦工程師，他在台灣並不難找到工作。但是莫先生幾乎每兩年就換一個公司，他這個行為跟我的觀念背道而馳，一直以來我認為找到不錯的工作就要好好珍惜別隨便換。跟我不同，他覺得在資訊業就要

不斷學習跟轉換職場，一種滾石不生苔的概念。莫先生在很多年前曾在一間台灣網路公司上過班，不過他只上了兩個禮拜就辭職了。他離職的原因並不是不適應台灣的職場文化，他不喜歡的是公司裡大空間卻沒有隔板的工作環境。可能法國人連在工作時都還需要私人空間吧？莫先生樂於工作，他並不覺得台灣人工作太多，相對地，他覺得台灣人的壓力太大，再加上不知如何釋放壓力，才會讓人覺得我們過勞。莫先生之前在台灣一間外商公司當主管時，面試過一些台灣員工，其中一個男生不曉得為了什麼在面試時哭了起來，可見台灣人的壓力真的很大！其實莫先生以前在法國創業

怎麼避免工作壓力？
從鍛鍊內在開始

COMMENT SE PROTÉGER DU TRAVAIL ？
– C'EST À L'INTÉRIEUR DE TOI-MÊME !

時也常加班、睡辦公室；現在在台灣，他也時常半夜不睡覺在電腦前工作，這樣的工作態度跟我以前對法國人的刻板印象相去甚遠，不曉得莫先生是異類或著我們都誤會了法國人。

我跟莫先生的爸爸媽媽都是退休人士，跟瑷琍家的情況一模一樣；我的台灣老爸老媽幾乎都待在家裡，鮮少出去遊玩。反觀法國人的莫爸莫媽，他們每年都堅持要出國去旅遊兩次。我老爸老媽退休後，由於沒有被動收入，所以不太花大錢做奢侈性消費，不過他們每天都要出門遛狗，跟狗友們閒話家常，這也是種小確幸吧！而莫爸莫媽受惠於法國的養老制度，每個月都能領到好幾萬台幣的退休金，我想這是他們可以一直出國去玩還重新裝潢房子的原因吧！雖然莫爸莫媽身體也不好，莫爸心臟裝了支架，而莫媽前陣子得到癌症（幸好治療成功），但他們都不放棄享受人生，還說明年要換電動車來開呢！不管怎麼樣過退休人生，我很羨慕我老爸老媽跟莫爸莫媽，他們年紀這麼大了還能是老來伴，希望二十年後，我跟莫先生也能跟他們一樣快快樂樂地度過老年生活。

法國人看台灣
的在地特色

夾腳拖是
台灣特有文化？

　　莫先生定居台灣已經將近十五年了，有時候我都忘記他是法國人。別看現在莫先生過得如此自由自在，想當初他剛來台灣時對我們的一些文化與習俗還蠻不習慣的。讓他感到不可置信的第一個基本款是台灣的迷信：住旅館的時候——居然沒有四樓！或者像是吃飯時，禁止把筷子插在飯上面，長輩會覺得不吉利；還有我告誡他很多次，別撿地上的紅包袋，否則會娶到鬼新娘。莫先生表示這一切真是太神奇了！

　　莫先生也對台灣特殊的宮廟文化特別好奇，由於住在老台北城區，我們出門時常會遇到廟會迎神活動，莫先生遇到這種宗教遊行都會問我是慶祝哪個神明的生日，我都答不出來，更別說用法文解釋各個神明的工作範圍了。

1. Ne ramasse pas l'enveloppe rouge sur la route, sinon tu devras épouser une femme fantôme~ C'est effrayant!
2. Ne t'inquiète pas! Je pense pas qu'une femme fantôme aie besoin d'un mari français qui ne parle pas bien mandarin!
3. Espèce d' incrédule!

　　其次，莫先生覺得我們的穿搭文化很特別，撇開一般去公司或上餐廳等比較正式的場合之外，他剛來台灣的時候，發現路上很多人都穿著拖鞋或夾腳拖。剛開始他覺得超奇怪，這裡又不是峇里島或夏威夷！但現在莫先生出門去超商買東西或去我老爸老媽家時都「入境隨俗」地穿上拖鞋，因為實在太方便了，莫先生真是融入我們的文化呀！

　　說真的，去法國時，我在路上從來沒看過法國人穿著夾腳拖在街上趴趴走，即使是很熱的夏天。透過老外莫先生的觀點看台灣，身為台灣人的我愈發覺得，我們愛穿拖鞋這個特色非常有休閒度假風，這樣的習慣還不賴，只要穿對場合就好，畢竟我個人還蠻愛這種慵懶風格的。

　　關於台灣人穿著方面，莫先生到現在還覺得很不解的一點，是許多台

灣人為什麼特別怕冷。從十月、十一月天氣開始變涼時，就有許多人穿起羽絨外套。莫先生常笑說，天氣溫度一降到十五度，路上就有很多打扮得像是要去滑雪的台灣人出現。但台灣人怕冷並不奇怪，誰叫我們一年中有六個月是夏天呢！

十幾年前第一次去法國時，我記得衝擊比較大的是咖啡廳裡沒賣冰奶茶或冰紅茶這一味。自從來台灣的第一年，莫先生就愛上了我們手搖飲店賣的冰奶茶！由於我家隔壁就有一家飲料店，有陣子莫先生每天都喝一杯少冰半糖的冰奶茶，這個美味又罪惡的飲料讓他胖了好幾公斤！這幾年來，台灣的珍珠奶茶越來越有名，還紅到法國去了。

最近一次去巴黎，發現朋友家附近多了許多新開的手搖飲店，但多數都是越南人開的，朋友還不到十歲的小孩也愛上了珍珠奶茶，但歐洲的物價比較貴，法國賣的基本款珍奶都要六歐元起跳（約一百八十元台幣，這個價錢在台灣都可以買三、四杯了吧！），所以可憐的小朋友被媽媽規定一個禮拜只能買一次珍奶來喝。

在 COVID-19 疫情還很嚴重也還沒發明疫苗的期間，我們常寄口罩給住法國的親友。有一次我趁著寄口罩的時候在包裹裡放了台灣特有的珍奶即時包給他們，不出乎我所料這款禮物大受歡迎。除了既定印象的鳳梨酥跟茶葉之外，我非常推薦送珍奶即時包給外國友人，不過市面上有許多品牌，要自己先試喝才不會踩雷。

台灣的民間文化非常多元，畢竟我們曾經歷過不同國家的殖民洗禮，

尤其是日本。像我從小就是看日本漫畫跟卡通長大的（不好意思我年紀大，小時候還沒有「動畫」這個名詞）。本來我以為這只是台灣獨有的哈日現象，但自從跟莫先生在一起沒幾年後才發現日本的動漫文化原來在法國也很受歡迎呢。好幾年前莫姪女來台灣玩時，指定要我帶她去日系書店買連載漫畫，直到那時我才知道雖然法國也是漫畫界的大國，但是法國青少年也很愛日本漫畫。不只如此，莫先生跟莫妹小時候也看過「小甜甜」這部卡通，我還發現跟我年紀差不多的法國女性對我很愛的日本卡通「莎拉公主」也有同樣的美好記憶呢！

莫姪女第一次來台灣玩

Un après-midi avec ma nièce à Taipei

1. Tata, je voudrais acheter des mangas, jouer au taiko no tatsujin, prendre des photos dans un purikua et visiter un maid café.
2. On dirait que nous sommes au Japon.

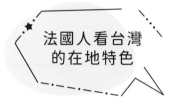

法國人看台灣
的在地特色

在山上不能講鬼故事嗎？

我到現在還記得那天中午抵達台灣的感覺：好熱！好濕！好奇怪的地方。

請見諒我這麼形容，但十七年前網路沒有現在這麼發達，我來的時候根本不了解台灣，對我來說什麼都是陌生的感覺。Renren 提到了他老公對台灣的很多習俗的好奇與不了解，我當然也有一樣的看法。藍白拖鞋、筷子不能插在飯上、廟裡的神明……數都數不完。

很快，我就對鬼月與那些跟鬼有關的事感到非常好奇（可能是因為我很愛看鬼片）。我記得有一次不是在鬼月，我跟老公還有他的朋友到山上露營，那是我們第一次在台灣露營。十一月山上蠻冷的，我們穿得暖暖的坐在火爐旁邊。這時我說：

1. J'adore aller faire du camping quand il fait froid.
2. On peut se réchauffer autour du feu.
3. Allez! C'est le moment parfait pour des histoires de fantômes !
4. Je me souviendrais toujours de leurs regards…
5. Il ne vaut mieux pas raconter ce genre d'histoires en montagne…

　　好吧……看來我最好不要堅持，聽說山上的鬼很多。

　　台灣人不管哪一輩，很容易對「鬼」這件事感到不舒服，很多事情會推到鬼的身上，譬如半夜小朋友大哭（一定是因為鬼！），該去收驚！對此我有一點好奇，也曾在半夜被小孩子的哭聲嚇過幾次，但我沒去受驚，因為我太懶惰了，哈哈。

　　每次到農曆七月，我都覺得不該玩水這件事真的很難受。在這麼熱的天氣之下，怎麼可以不下水啦！所以我得說，我都沒有照做。

　　說到下水，我當時也很不懂為什麼這麼多台灣人不會游泳，畢竟住在海島上，怎麼可以不學會游泳？大家會跟我說：「那是因為台灣的水很危險，不管是海水還是溪流。」嗯，也許是這樣吧。

　　其實我跟我老公在一起沒多久後，就發現他不太會游泳。我們夏天會一起到青年公園的戶外游泳池，那個池有一百八十公分深，我發現他有一點緊張。他念研究所的時候才開始學游泳，所以那時泳技還不是非常好，但我很佩服他的勇氣，這麼大才開始學游泳很不簡單！雖然到現在他有時候下水還是會比較緊張，但他很願意去試試。

　　Renren 提到關於日本文化的部分，我小時候也在電視上看了「莎拉公主」，也很愛「美少女戰士」以及很多其他有的沒有的。更有趣的是，我現在十六歲的弟弟（沒錯，我們差了二十歲）也迷上了日本漫畫，唯一的差別是我們看的類別不一樣而已。我爸來台灣的時候常跟我說我弟也想一起來，我就說：「真的嗎？那就來啊！」

　　我爸說：「他以為可以看到很多跟漫畫有關的東西。」原來我弟以為台灣是日本。哈哈，不過不得不說，在台灣也能找到很多日本的東西，應該不會讓他太失望。

　　其實在台灣，還有一個東西跟日本很接近、也是我的最愛之一，就是KTV！從小愛跟爸媽在車上唱歌的我，十一歲生日時收到一支麥克風，瘋狂地用錄音機錄自己唱的歌。上了大學之後，有一、兩次踏進我們城裡唯一的 KTV 酒吧，在陌生人面前開口唱歌（那時還是有一點尷尬）。到了台

灣後，終於有機會跟朋友在包廂裡唱英文歌，也慢慢開始唱中文歌，不但對我的中文有很大的幫助，還讓我度過很快樂的時光！可是生了小孩後，至今只去過一次，唱KTV是我很懷念的樂趣之一。

我記得我媽跟我外婆七年前來台灣的時候，覺得最妙的事之一應該是夜市吧。不好意思，她們對珍奶沒有特別喜歡，對需要裝在塑膠杯子裡喝的手搖飲也沒有太大的興趣（把食物放在紙盒或塑膠杯裡吃不合她們的口味），也沒有被本地邊走邊吃的習慣動搖。可是法國人不是習慣邊走邊吃三明治嗎？其實，法國人應該還是會找個地方坐下來再吃，也不吃熱的食物。所以當我跟老公在師大夜市買了一盒我一直很愛吃的水煎包給她們嘗嘗的時候，她們有一點猶豫要不要吃，但外婆比較勇敢，覺得就算要站著、還要拿著一個便當盒吃，也該吃吃看。她好像覺得意外好吃而多吃了幾顆（所以容器不重要嘛）！

當初來台灣時，我也很不習慣在紙便當盒用餐，可是這種超級無敵方便的事很容易習慣。現在連在法國都很流行餐盒外食了，也許以後外婆有機會再來台灣的話，會很習慣去台灣的夜市吃小吃了。

最後，我想說檳榔這個東西。我來當交換生的時候是在中壢，在學校的路上有很多的玻璃籠子……就是檳榔西施的店。我當時很好奇那到底是在做什麼？然後我發現有很多司機的牙齒有點紅紅的，地上也常看到紅色的污點，覺得很恐怖呢！難道台灣有吸血鬼？感覺兇殺命案很多的樣子……結果不是，只是檳榔而已！

娃娃在盒子裡
Une poupée dans une boîte

命案的痕跡在街頭上
Traces de meurtre en pleine rue

吸血鬼...
Des vampires partout

結語

法國人在台灣好吃驚！

　　雖說我們在台灣接觸到法國文化與商品的機會變多了，但大部分人對來自法國的東西總是有種「高級品」的迷思。這幾年某法國品牌有款折疊水餃包很受亞洲女性歡迎，我身邊的朋友幾乎人手一包，而我本人就有四個！之前去韓國跟法國的 outlet 逛時，就目擊到人山人海的台灣跟中國觀光客瘋狂搶購！然而去了法國這麼多次，我親眼見到路人揹這款水餃包的次數很少，應該不超過五次。而且拿這款包的多是把它們當成買菜用購物袋的老太太呢！

　　在台灣，所有冠上「法式」或「法國風」的東西聽起來都特別迷人也特別好吃，例如：法式美甲、法式沙拉醬、法式吐司、法式舌吻（French kiss）、法國風洋裝（那到底是什麼風格？）……等等，但各位知道嗎？這

些冠名法國的產物都不是源自法國喔！像法式美甲跟法式沙拉醬都是美國人發明的；而法式吐司的出現則可以回溯到羅馬帝國時期，好像只有美國人跟台灣人把這個食品稱為法式吐司

＝ French toast，法文原來的名字叫做 pain perdu，意思是「消失的麵包」。它是以前的人不想浪費食材所想出來把麵包消耗完的方法，他們把前一天吃剩不新鮮的麵包浸到蛋汁裡煎一煎，加點奶油跟糖漿讓它變得更美味而且更重要的是可以省錢。值得一提的是，台灣早餐店賣的法式吐司會夾肉鬆～莫先生被這個奇妙的組合嚇到，一點都不想嘗試。

Pain perdu classique
經典法式吐司

Pain perdu à la taiwanaise
台味法式吐司

肉鬆
Le rousong
(la poudre de porc)

相對於台灣庶民文化，莫先生對於台灣的特殊天氣現象就沒那麼訝異。莫先生來自一個沒有地震的城市，我們同居第一年就遇到不小的地震，當我衝去他書房要跟他「同生共死」時，莫先生正一臉悠哉的神情在電腦前工作。從那時開始我才發現莫先生比我這個東方人更懂得禪意：第一次經歷地震的莫先生根本沒在怕，反而當成是個有趣的自然現象，更說這就像是地球在跳舞、甚至覺得好像在遊樂園玩碰碰車一樣有趣！總而言之，每次有地震發生時，無論震度大小，莫先生總是不動如山，而我就像驚弓之鳥般到處找避難之處！莫先生對我這樣的反應很不解，他認為台灣人都應該已經很習慣地震了，怎麼我每次都大驚小怪！莫先生對地震這種無法事先預測的災難抱持著一種隨緣的態度，他的說法是如果地震大到天花板都塌下來，那怎麼逃都沒用，還不如把握生命的最後一刻待在電腦前做自己

1. Je m'enfuis….
2. Qu'est-ce que tu as?
3. Ce tremblement de terre est trop fort, je suis morte de peur.
4. Ça bouge juste comme quand tu bois un coup de trop!
5. Tu devrais avoir l'habitude!

喜歡的事！不過莫爸莫媽可沒莫先生對生命那麼看得開，每次只要他們在新聞上看到有地震的消息就會用盡各種方式連絡上他們的寶貝兒子，要確認莫先生是不是還好好地活在台灣。

　　關於台灣特別的天氣現象這點，莫先生只對颱風比較有興趣。我記得他第一次遭遇颱風時超級興奮，還特別起個大早去我家附近的河堤巡視大風雨過後的災情。小時候，我們家在颱風天時總會準備一大鍋泡麵加蛋加小白菜當晚餐，對我來說是個重要的颱風天儀式。自從跟莫先生結婚後，颱風天晚上吃泡麵的習慣就自然而然消失了，幸好我婚後的第二人生新增了在颱風過後外出巡田水的這個儀式；只要不造成重大災情，颱風對我而言都是一個幸福的象徵。

　　我曾聽不少外國人抱怨台灣的冬天，雖然氣溫不算太低，但潮濕的空氣讓習慣乾冷的西方人難以承受。由於莫先生脂肪夠厚又不怎麼出門，所以他對台灣的冬天不怎麼反感。莫先生唯一不喜歡的是台灣的悶熱。從五月到十月將近半年的時間他沒有冷氣就活不下去，我自己都覺得很對不起北極熊！只能期待莫先生有天能減肥成功，瘦到我們剛認識時的體態，這樣他就不再那麼受不了台灣的夏天了吧？

夏日的某一日
Un jour d'été ...

結果第二天
Le lendemain ...

1. Wow…. Pourquoi il prend une douche tout à coup?
2. Oh là là, il se douche 2 jours de suite! J'aime tellement l'été à Taïwan !

你知道身上穿的衣服在寫什麼嗎？

　　說到在台灣的法國文化，我印象最深刻的就是走在台北大安區，到處都可以看到「好像是」法文的店名。會說「好像」，是因為大部分那些店的名字不是拼錯，就是文法不對。起初我覺得很好笑（聽說日本也是這樣），後來想一想，在歐洲用日文或中文字作店名也很夯。以上是很久以前我還住在台北時的事，現在我也記不得那些店名了，但是最近還是常常遇到有些人穿的衣服上有法文字。

　　嗯……對方常常不知道那是什麼意思。哈哈，不管穿著什麼語言在身上，是不是應該知道那是什麼意思比較好啊？

　　不過，也不要以為走在台灣路上都沒有人會講法語喔。

　　我在台北教了一陣子法語，台灣人對法語的興趣比我想像得還要熱

1. Tu comprends ce qui est écrit sur ton T-shirt?
2. Non...

情！到處都聽得到「Bonjour」之類的問候，感覺好像到了法國街頭喔。有次在宜蘭，跟女兒等廁所等得不耐煩時我們就用法語交談，結果裡面的人出來後竟然跟我說法語，讓我超級尷尬的⋯⋯。遇到會講「沖水」這句法文的台灣人機率有多高呢？我真沒想到，會講法語的台灣人竟然這麼多。

台灣是一個容易接受外來文化的地方，現在想要法國的任何東西，在台灣其實已經不難找了。比如現在，在台灣上映的法國電影已算得上不少，網路平台也有很多跟法國相關的影集，想買到法國人熱愛的食品和起司也

1. Attends, il y a quelqu'un.
2. Cinq minutes plus tard, le toilette est encore occupé…
3. Pourquoi c'est si long?
4. Je sais pas, elle fait sûrement la grosse commission…
5. En Français parfait: « Je suis désolée, je dois encore tirer la chasse. »
6. Tu la connais? Pourquoi elle parle français ?
7. Je… je sais pas pourquoi…

愈來愈容易，雖然價錢不友善，但只想要吃，隨時都可以滿足自己，跟在法國好像沒什麼差別。

　　但有一些事，是永遠讓我無法習慣的。我常問我老公：「怎麼會有人想定居台灣呢？」

　　老公問：「怎麼說呢？」

我跟他說：「可怕的地震跟恐怖的颱風，還有潮濕又熱死人的夏天，真的不適合人住啊！」

你不覺得嗎？台灣的美麗風景應該是不需多說，每次去到山上或海邊時，我都會被這些景象震撼。

但我剛來到台灣的時候，還不太了解這座島的地形與天候。下飛機時，有一點被溫度與溼度嚇到。不久後就碰到了颱風，下雨下個不停，風也大到不能出門。這樣的狀況在法國很少發生，我只記得在國中的時候有一次也碰到很大的暴風雨（tempête）把很多房子的屋頂吹走，甚至沒有電可用好幾天。

不過，這沒有台灣的颱風那麼頻繁，而且颱風每次來造成的後果常常都很誇張。我沒有想過這輩子會遇到那種路上淹水，淹到可以在裡面游泳的狀況。我記得當時超驚訝，當我知道颱風天有機會放假，只能說可以理解啦，風雨大的時候，真的不方便出門，太危險了。不過好玩的是，放颱風假那天很多時候風雨平靜，結果大家反而都出門去唱歌、逛百貨公司。不過後來我們搬到新竹，我覺得新竹一年三百六十五天裡，大概有一半的日子都是颱風天吧！新竹的風真的大到很誇張啦！

這個，
不是颱風等級
的風嗎？[1]

到了新竹後，
我發現一年 365 天裡，
這裡有 250 天都是颱風天 [2]

1. Non mais c'est pas un vent de typhon ça?
2. Une fois à Hsinzhu, je me suis rendue compte qu'il y avait des typhons 250 jours par an…

　　不過後來我發現最可怕的還是地震。法國不是完全沒有地震，其實在南法也偶爾會發生。小時候我在暑假時去南法找外婆跟外公，記得有一天外公下班回家，問我們有沒有感受到地震？我跟外婆沒有感覺，但他在尼斯市有感受到。到了台灣之後，我發現幾乎每天地球都在動啊！現在我們住在十三樓，我還是常常被地震嚇壞，準備好要抱小孩下樓避難，或者我們三個會趕快躲在餐桌底下。等一下，三個？我們家不是有四個人嗎？

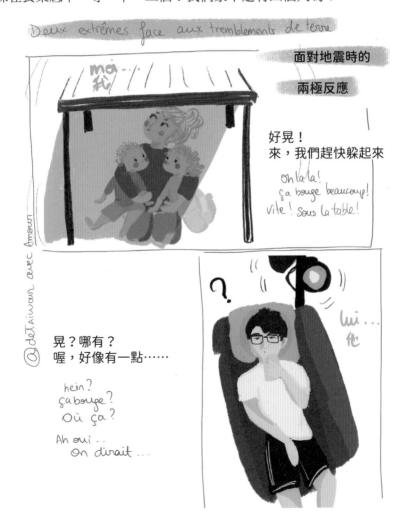

　　哈哈，對我老公來說，這些跟九二一比根本一點都不可怕！不曉得正在看這本書的你是不是也一樣？老公還跟我說，他在九二一那晚根本沒有醒來（當時住在台北的三樓房子）。現在如果半夜發生地震的話，他很有可能不會感覺到地板在晃。如果我嚇醒吵到他的話，他還會跟我說：「幹嘛吵醒我啊？沒事啦！」

　　這是個很大的文化差異，不過現在的台灣小孩也會在學校學習怎麼面對地震。就跟發生火災時需要逃生一樣，地震時就要躲在桌子下，或要趕快保護頭部。有一次，女兒還帶了一個地震枕頭回家，真的是很有趣的東西！

　　總之，我無法像我老公或 Renren 的老公一樣不在意地震。還是說，其實是男人比較不怕地震嗎？哈哈！

1. Regarde maman!
2. Un coussin pour la tête en cas de tremblement de terre!
3. Ouha! c'est vraiment créatif!

i 生活 **32**

我家有個法國人

台灣太太 × 法國人妻暢聊跨文化婚姻大小事

作　　　者｜Renren、史璦琍（Alizée Stalens）
封面設計｜木木 Lin　　　　　內文設計＆排版｜李偉涵
副總編輯｜林獻瑞　　　　　責任編輯｜謝宥融

社　　　長｜郭重興　　　　　發行人｜曾大福
業務平台｜總經理／李雪麗　副總經理／李復民
出 版 者｜好人出版／遠足文化事業股份有限公司　　新北市新店區民權路 108 之 2 號 9 樓
電　　　話｜02-2218-1417#1282　　傳真 02-8667-1065
發　　　行｜遠足文化事業股份有限公司　　新北市新店區民權路 108 之 2 號 9 樓
電　　　話｜02-2218-1417　　傳真 02-8667-1065
電子信箱｜service@bookrep.com.tw　　網址 http://www.bookrep.com.tw
郵撥帳號｜19504465／遠足文化事業股份有限公司
　　　　　讀書共和國客服信箱：service@bookrep.com.tw
　　　　　讀書共和國網路書店：www.bookrep.com.tw
　　　　　團體訂購請洽業務部 (02) 2218-1417 分機 1124
法律顧問｜華洋法律事務所／蘇文生律師
印　　　製｜凱林彩印股份有限公司　　電話 02-2796-3576

出版日期｜2023 年 5 月 17 日初版一刷
定　　　價｜380 元
I S B N｜978-626-7279-08-3

特別聲明：
有關本書中的言論內容，不代表本公司／出版集團之立場與意見，文責由作者自行承擔。

國家圖書館出版品預行編目資料

我家有個法國人：台灣太太 x 法國人妻暢聊跨文化婚姻大小事 /
Renren, 史璦琍 (Alizée Stalens) 作 . -- 初版 . -- 新北市 : 遠足文化事業
股份有限公司好人出版 : 遠足文化事業股份有限公司發行 , 2023.05
面；　公分 . -- (i 生活 ; 32)
ISBN 978-626-7279-08-3(平裝)
1.CST: 異國婚姻 2.CST: 文化 3.CST: 風俗 4.CST: 通俗作品
544.38　112005732